TERRORISMO
LEI 13.260/16 COMENTADA

Eduardo Luiz Santos Cabette
Marcius Tadeu Maciel Nahur

TERRORISMO
LEI 13.260/16 COMENTADA

Freita Bastos Editora

Copyright © 2017 by Eduardo Luiz Santos Cabette e
Marcius Tadeu Maciel Nahur
Todos os direitos reservados e protegidos pela Lei 9.610, de 19.2.1998.
É proibida a reprodução total ou parcial, por quaisquer meios,
bem como a produção de apostilas, sem autorização prévia,
por escrito, da Editora.

Direitos exclusivos da edição e distribuição em língua portuguesa:
Maria Augusta Delgado Livraria, Distribuidora e Editora

Editor: Isaac D. Abulafia
Capa: Jair Domingos
Revisão de texto: Mariana Temoteo
Diagramação: Neilton Lima

DADOS INTERNACIONAIS PARA CATALOGAÇÃO NA PUBLICAÇÃO (CIP)

C114t
    Cabette, Eduardo Luiz Santos
        Terrorismo : lei 13.260/16 comentada / Eduardo Luiz Santos Cabette, Marcius Tadeu Maciel Nahur. – Rio de Janeiro : Freitas Bastos, 2017.
        202p. ; 23cm.

        ISBN–978-85-7987-294-5

        1. Terrorismo. 2. Terrorismo – Legislação – Brasil. 3. Brasil. Lei n. 13.260, de 16 de março de 2016. I. Nahur, Marcius Tadeu Maciel II. Título.
                                                      CDD- 345.810231

Freitas Bastos Editora
Tel./Fax: (21) 2276-4500
freitasbastos@freitasbastos.com
vendas@freitasbastos.com
www.freitasbastos.com

AUTORES

EDUARDO LUIZ SANTOS CABETTE

Delegado de polícia, Mestre em Direito Social, Pós-graduado em Direito Penal e Criminologia, Professor de Direito Penal, Processo Penal, Criminologia e Legislação Penal e Processual Penal Especial na graduação e na pós-graduação do Unisal e membro do Grupo de Pesquisa de Ética e Direitos Fundamentais do Programa de Mestrado do Unisal.

MARCIUS TADEU MACIEL NAHUR

Delegado de Polícia, Mestre em Direito, Professor de Filosofia do Direito no Curso de Direito e de Filosofia Antiga no Curso de Filosofia do Unisal, Professor do Curso de Extensão Universitária de Sociologia Ministrado em Inglês no Unisal, Professor de Filosofia no Curso de Filosofia da Faculdade Canção Nova e membro do Grupo de Pesquisa de Ética e Direitos Fundamentais do Programa de Mestrado do Unisal.

DEDICATÓRIA

À minha esposa Bianca Cristine Pires dos Santos Cabette, fonte de inspiração e alegria, cujo encanto me conquistou de assalto, fez e faz tremer meu coração e aquecer minha alma a cada dia de convivência, a cada olhar, a cada toque e a cada palavra que viaja suavemente na música terna de sua voz.

Eduardo Luiz Santos Cabette

PREFÁCIO

Já conhecidos do grande público em razão de excelentes artigos e livros publicados, honraram-me Eduardo Luiz Santos Cabette e Marcius Tadeu Maciel Nahur com o irrecusável convite para prefaciar o livro *Terrorismo: Lei nº. 13.260/2016 Comentada*.

Juristas de escola, os autores são Delegados de Polícia no Estado de São Paulo e professores em cursos de graduação e pós-graduação. Com larga experiência na vida acadêmica, construíram profícua carreira e publicaram trabalhos sobre temas atuais e altamente complexos.

Apenas para exemplificar, destaco valiosas obras de Cabette versando sobre: interceptação telefônica; prisões cautelares; homicídio sem cadáver; crimes contra a dignidade sexual; eutanásia e ortotanásia, e, por fim, responsabilidade penal da pessoa jurídica.

Marcius, a seu turno, publicou profundas reflexões sobre temas não menos inquietantes, dentre os quais: direito penal do inimigo e teoria do mimetismo; violência (*bullying* e *ciberbullying*), além de diversos trabalhos versando sobre ecologia.

Em conjunto já publicaram outros importantes trabalhos, cumprindo aqui destacar: Criminalidade Organizada & Globalização Desorganizada, e "Criminal Compliance" e Ética Empresarial – Novos Desafios do Direito Penal Econômico.

A matéria enfrentada nesta obra que o estimado leitor tem agora em mãos é das mais intrigantes.

Por qualquer enfoque que se queira analisar, o *terrorismo* constitui tema dos mais atuais e preocupantes. De longa data, a comunidade internacional tem convivido com os gravíssimos problemas que dele decorrem, direta e indiretamente, mas, em nenhum outro momento da história moderna, a constatação de exposição e vulnerabilidade se revelou tão sensível. Já não há lugar seguro e absolutamente imune a tais práticas.

Diante das incontáveis repercussões geopolíticas, econômicas e sociais que o atual estágio do terrorismo transnacional tem proporcionado, vários países editaram ou atualizaram suas leis penais relacionadas ao tema.

No Brasil, o art. 5º, XLIII, da Constituição Federal, que é de 1988, afirma categoricamente que "a lei considerará" crime inafiançável e insuscetível de graça e anistia, dentre outros, o *terrorismo*. A disciplina da matéria, como não poderia ser de modo diverso, foi remetida ao legislador ordinário.

Só em março de 2016, passadas, portanto, quase três décadas desde o início da vigência da atual Carta Magna, e por razões casuísticas atreladas à realização de evento internacional em terras *tupiniquins*, veio a lume a Lei n. 13.260, que regulamenta o disposto no inc. XLIII do art. 5º da Constituição Federal; disciplina o terrorismo, trata de disposições investigatórias e processuais, reformula o conceito de *organização terrorista*, e altera as Leis nos. 7.960/89 (prisão temporária) e 12.850/2013 (define organização criminosa).

Este livro aborda, com profundidade, todos os relevantes aspectos envolvendo a temática em apreço.

Em seu primeiro Capítulo – intitulado "Globalização aterrorizada e terrorismo globalizado" – encontramos substanciosa abordagem que nos permite a mais completa visão a respeito das células e organizações terroristas existentes e atuantes nos mais diversos pontos do globo.

Nos capítulos seguintes, o enfoque jurídico sobressai. Neles os autores procederam à criteriosa análise da evolução jurídica do tratamento do terrorismo no Brasil a partir de 1988; discorreram sobre as regras dispostas em tratados internacionais a respeito da matéria; apresentaram o conceito de terrorismo e terrorismo internacional; desvendaram todas as inquietações decorrentes da Lei nº. 13.260/2016 e formularam coerente conclusão a respeito de tudo que fora analisado e cuidadosamente exposto.

Por tudo isso, aquele que visa aprimorar seus conhecimentos no campo das Ciências Criminais deve estudar atentamente esta obra, que em razão dos seus incontáveis méritos passa agora a ocupar espaço de destaque na doutrina nacional sobre *terrorismo*.

Renato Marcão
Jurista
Primavera de 2016

Sumário

Autores v
Dedicatória vii
Prefácio ix
Introdução 1
Capítulo I   Globalização aterrorizada e terrorismo globalizado 3
                   1.1 – A violência em cena 3
                   1.2 – O terror em pauta 5
                   1.3 – O terrorismo em ação 10
                   1.4 – A globalização aterrorizada 14
                   1.5 – Globalização e crime organizado 17
                   1.6 – Globalização e criminalidade terrorista 22
                   1.7 – A leitura da política criminal 52
                   1.8 – Leitura criminológica 71
                   1.9 – A leitura do direito criminal 78
Capítulo II   A evolução jurídica do tratamento do terrorismo
                   no Brasil a partir de 1988 87
Capítulo III   Terrorismo e tratados internacionais............................ 93
Capítulo IV   Conceito de terrorismo e terrorismo internacional 99
Capítulo V   Comentários aos dispositivos da lei 13.260/16 103
Conclusão 177
Referência 181

INTRODUÇÃO

O terrorismo é um problema de dimensões globais que certamente pode atingir o Brasil. Já com essa visão o constituinte de 1988, no artigo 5º, inciso XLIII da Constituição Federal, erigiu os atos de terrorismo a crime equiparado a hediondo, merecendo, portanto, tratamento penal, processual penal e de execução penal mais gravosos.

Efetivamente a conduta terrorista é altamente abominável, especialmente na medida em que atinge civis, pessoas totalmente alheias às questões que supostamente motivam os atos bárbaros perpetrados, além da criação de um clima "post factum" de apreensão, medo, paralisia que prejudica a vida cotidiana de todas as pessoas, os negócios, o trabalho, o lazer etc. O ato de terror não se resume à sua eclosão e aos atingidos por ele diretamente. Ele se expande como um círculo crescente e gera efeitos para muito além do evento ocorrido no tempo, no espaço e na subjetividade das populações atingidas. E o pior é que a intenção do terrorista é exatamente essa. Sua maquinação cruel está muito além do ato em si, ela visa exatamente os efeitos posteriores sobre as pessoas e instituições sociais.

As práticas terroristas não são (ainda bem) uma realidade que marque, ao menos até agora, o cotidiano brasileiro. No entanto, a disseminação dessas ações ao redor do mundo não permite que a nossa legislação fique inerte diante de fenômeno de tanta gravidade e repercussão.

Nesse cenário é que vem a lume a Lei 13.260, de 16 de março de 2016, regulamentando o disposto no inciso XLIII do artigo 5º, da Constituição Federal, disciplinando a matéria do terrorismo, definindo crimes específicos, tratando de disposições sobre investigação e processo, bem como procedendo à reformulação do conceito de organização terrorista. Também altera as Leis 7.960/89 e 12.850/13.

O objetivo deste trabalho é a elaboração de comentários a respeito dos dispositivos legais integrantes do diploma acima mencionado, não sem antes expor em rápidas linhas como se deu a inserção do conceito de terrorismo na legislação brasileira, tendo em vista a Constituição Federal, tratados e convenções internacionais, bem como a legislação ordinária que antecedeu à Lei 13.260/16. Além disso, levar-se-á a termo uma análise sociológica e histórica acerca do fenômeno do terror e da violência.

Capítulo I

GLOBALIZAÇÃO ATERRORIZADA E TERRORISMO GLOBALIZADO

1.1 – A VIOLÊNCIA EM CENA

O fenômeno da violência afeta não apenas o modo como a vida é vivida, mas também como ela é entendida.

A violência se encontra em cena. Não esteve ausente ontem e continua frequente hoje. O passado-presente é uma "terra estrangeira, é terra de uma violência horripilante."[1]

Para mostrar a violência em cena, talvez, o melhor caminho seja buscar uma narrativa literária que fala sobre dois reinos de terror. Um deles, forjado na paixão quente; o outro, no insensível sangue frio. Os calafrios estão em ambos, em função dos horrores do terror, seja ele menor ou maior, diante do qual só se aprende a tremer e a lamentar.[2] Claro que há razões óbvias para se enxergar de forma oblíqua a violência. A alta potencialidade de horror perante atos violentos e a empatia com os vitimados, porém, podem funcionar como inibidoras para um pensar desapaixonado sobre a complexidade da violência.

---

[1] PINKER, Steven. *Os anjos bons da natureza humana: por que a violência diminuiu*. Trad. de Bernardo Joffily e Laura Teixeira Motta. São Paulo: Companhia das Letras, 2013, p. 29.

[2] TWAIN, Mark. *Um ianque na corte do rei Artur*. Adap. de Rodrigo Espinosa Cabral. São Paulo: Rideel, 2006, p. 3-5.

Essa maneira de pensar pode parecer fria e calculista, mas não se trata de falta de sensibilidade para com esse fenômeno assustador. É apenas uma forma de pensamento que busca escavar e esclarecer, o quanto possível, o sentido da violência, a partir de três concepções fundamentais: a violência subjetiva, a violência objetiva e a violência sistêmica.[3]

A violência subjetiva apresenta-se como a mais visível. Ela é praticada por agente identificável capaz de aterrorizar o outro com sua atuação direta e contundente.

A violência objetiva se insinua e se realiza em ambiente de temor latente, caracterizando-se pela prática camuflada de comportamentos que passam despercebidos ou, quando notados por certos grupos, acabam "normalizados" por segmentos mais influentes da sociedade.

A violência sistêmica é resultante dos efeitos nefastos das estruturas políticas e econômicas que acarretam, em cascata, exclusões e injustiças sociais.

Ainda que se continue a conclamar uma "cruzada humanitária" para enfrentar a violência, como uma espécie de pedido desesperado de socorro, não parece possível decifrar esse intrincado fenômeno, sem tentar entender a complexa e dinâmica interação de seus três tipos principais. A violência subjetiva, a objetiva e a simbólica não são ilustres desconhecidas entre si. Elas se entrelaçam na sinistra trama dos atos violentos.

O problema é que a violência, muitas vezes, cristaliza o pensar. Não deixa tempo para se refletir. É preciso agir, porque se exige uma resposta agora. Quanta falta de sensibilidade se a resposta demora. Essa é uma leitura recorrente na sociedade atual. A violência não poupa a vida contemporânea de um "falso sentimento de urgência".[4]

O pânico disseminado, nos tempos atuais, com espantosa velocidade e engenhosa facilidade, traz a tentação da reação imediata, sobretudo, quando se é bombardeado pelas imagens midiáticas da violência.[5]

---

3   ZIZEK, Slavoj. *Violência: seis reflexões laterais*. Trad. de Miguel Serras Pereira. São Paulo: Boitempo Editorial, 2014. p. 22-23.
4   ZIZEK, Slavoj. *Op. Cit.*, p. 20.
5   *Op. Cit.*, p. 21.

A ação de esperar e examinar pela via da reflexão crítica, coerente e consistente logo é rotulada de um vergonhoso e covarde pacto com a violência. Muito mais cômodo sacar uma pseudo "justificativa" de impacto para o horror da violência. Ela não tem sido outra, em geral, senão a "declaração de guerra" ao terror como forma de enfrentar o temor.

1.2 – O TERROR EM PAUTA

Parece inegável que a revolução tecnológica alcançou muitos domínios ao redor do mundo. Alguns de seus avanços produziram intensos impactos nas relações humanas. O mais nítido impacto diz respeito à comunicação e à informação. Bem mais rápidas do que no passado, ambas se valem de uma multiplicidade de novos veículos, na era da sofisticação tecnológica, para as muitas interconexões multilaterais.[6]

Comunicações e informações são instantâneas, transmitidas por um arranjo bem articulado de palavras, sons e imagens. Elas atingem o mundo todo. Rádio, televisão, telefone celular, correio eletrônico, rede social, ou, outro meio digital, tudo a serviço do imediatismo da circulação de "novidades". Um frenesi comunicativo e um dilúvio informacional para ninguém se sentir "alienado" de tudo quanto se passa, em tempo real, nos mais diversos espaços do planeta. Consequência de tamanha reviravolta é o incremento das relações ideológicas, religiosas, políticas, econômicas, sociais e culturais entre os agentes interativos. Não é por outra razão que muito se tem falado, atualmente, que uma "paixão ou atitude social dominante impregna tanto as decisões governamentais, quanto as reações dos indivíduos".[7]

Decisões ou reações variam bastante, mas, em geral, seria possível arriscar um condensado catálogo teórico sobre elas apenas em quatro vertentes principais: apetite, ressentimento, medo e indecisão.[8]

---

6   CASTELLS, Manuel. *A sociedade em rede*. Trad. de Roneide Venâncio Majer e Jussara Simões. São Paulo: Paz e Terra, 1999, p. 7-9.
7   TODOROV, Tzvetan. *O medo dos bárbaros: para além do choque das civilizações*. Trad. de Guilherme João de Freitas Teixeira. Petrópolis: Vozes, 2010, p. 12.
8   *Op. Cit.*, p. 13.

Na esfera do apetite, a população desenvolve o sentimento de que chegou a sua vez de querer desfrutar de tudo quanto ainda não experimentou.

Na linha do ressentimento, a população espera uma reação pronta, eficiente e eficaz a uma humilhação, real ou imaginária, que lhe foi infligida por outros que se consideram mais poderosos.

Na toada do medo, a população fica em constante estado de alerta contra qualquer movimento, individual ou grupal, que lhe pareça uma ameaça de algum atentado ou até de dominação.

Na via da indecisão, a população fica titubeante, inclinando-se para aderir à via apetitiva, embora não saiba até que ponto as frustrações de paixões possam trazer ressentimento ou medo, sensações tidas como desconfortáveis.

No mundo contemporâneo, há sinais de que o medo se dissemina por toda parte, tornando-se um perigo, cada vez mais estonteante, para indivíduos e grupos que experimentam essa sensação tormentosa. O medo tende a desempenhar "o papel de paixão dominante."[9]

Uma forma de medo parece condensar, nos dias atuais, as muitas variantes do próprio medo. Trata-se do medo do bárbaro. No entanto, o medo do bárbaro é o que ameaça a converter o amedrontado em bárbaro. Esse medo se torna agudo e nada lhe falta para se transformar em terror. Como exemplo dessa barbárie, aponta-se a "guerra contra o terrorismo".[10] Com visão rasa do problema, não se percebe que a retaliação pela força pode acarretar duplo fracasso: fortalecimento do adversário e enfraquecimento do afetado.

O problema ainda maior, que já não é pensado, porque o pensamento está paralisado, é que a "lógica do medo" leva à tentação de se dar resposta simplista para fenômenos de profunda complexidade. Parece insensatez, para não dizer estupidez, não se esforçar para entender o terror, até o limite máximo alcançável pela inteligência. No contexto da atual ordem mundial, é de crucial importância se tentar compreender três perspectivas: a do bárbaro e civilizado; a das identidades coletivas; e, a da guerra entre mundos.

---

9   *Op. Cit.*, p. 14.
10 TODOROV, Tzvetan.Op. cit., p. 15.

Primeiro, na perspectiva do bárbaro e do civilizado, sabe-se que a selvageria do chamado de bárbaro não é definida com precisão. Entre as muitas características dos bárbaros, tem-se dito que são aqueles que, em vez de reconhecerem os outros como seres humanos semelhantes a eles, acabam por considerá-los como assimiláveis aos animais. Assim, são tidos como incapazes de reflexão, de negociação, preferindo sempre o confronto, indignos de viverem em liberdade e limitados à convivência estreita com a parentela consanguínea. Os bárbaros são aqueles que negam a plena humanidade dos outros e se comportam como se esses outros, ao menos inteiramente, não fossem seres humanos.[11] O equívoco está em dizer que a barbárie é uma total desumanidade, pois basta lembrar que o aspecto desumano faz parte do ser humano. O bem e o mal derivam da mesma fonte.[12] Essa fonte nada é além da necessidade inevitável de se viver com os outros, de se identificar com eles, de compartilhar o sentimento de uma humanidade comum.[13] O civilizado é aquele que, em qualquer tempo e lugar, então, sabe reconhecer plenamente a humanidade dos outros. Entretanto, o perfil do civilizado não pode ficar apenas nesse nível. Seria insuficiente apenas essa afirmação. É necessária a transposição de duas etapas. A primeira é descobrir que os outros têm modos de vida diferentes. A segunda é reconhecer, se não conseguir aceitar, que eles sejam portadores de uma humanidade semelhante. A exigência moral agora é duplicada. Quando os membros de um grupo compreendem uma identidade alheia, seja individual ou coletiva, verifica-se uma atitude de civilizado, porque assim se amplia o círculo da humanidade.[14] A ideia de civilizado confunde-se, em grande parte, com aquilo que se chama de "pensamento ampliado"[15], isto é, a capacidade de proferir juízos que levem em consideração outros homens desta terra, escapando às deformações egocêntricas ou etnocêntricas. Essa aptidão de se colocar no lugar de outrem, de cultura diferente,

---

11 Op. Cit., p. 26-27.
12 ROUSSEAU, Jean-Jacques. *Carta sobre a virtude. Anais da sociedade Jean-Jacques Rousseau.* XLI: 997, p.25.
13 TODOROV, Tzvetan. Op. cit., p. 32.
14 TODOROV, Tzvetan. *Op. Cit.*,p. 32-33.
15 KANT, Immanuel. *Crítica da Faculdade ao Juízo. Trad. de Valério Rohden e Antônio Marques.* 2. ed. Rio de Janeiro: Forense Universitária, 2008, p. 23-25. 382 p.

é vista como um meio à disposição do ser humano para se tornar íntimo de sua mais profunda humanidade. A civilização é um horizonte do qual o homem pode se aproximar, enquanto a barbárie é um fosso do qual deve tentar se afastar. Atos e atitudes podem ser tidos como bárbaros ou civilizados, e não indivíduos ou povos.[16]

Segundo, na perspectiva das identidades coletivas, não deveria causar qualquer surpresa, nos tempos atuais, entender que é possível e necessário distinguir várias espécies de identidades: filiação cultural, solidariedade cívica, adesão a valores religiosos, morais e políticos. Há várias culturas, porque a cultura está misturada e também em constante transformação. Por serem diferentes, as identidades podem entrar em conflito. A recusa em considerar visões de mundo diferentes afasta o indivíduo ou grupo da universalidade humana e mantém o separatista mais perto do confronto. Em compensação, progride-se no encontro quando se admite que os representantes de outras culturas tenham uma humanidade semelhante na pluralidade cultural. O valor transcultural é bem mais legítimo do que se imagina. Uma cultura que incentiva seus integrantes a tomarem consciência de suas próprias tradições, assim como a manterem certa distância delas, é mais elevada em relação àquela que se contenta em lisonjear o orgulho de seus membros, assegurando-lhes que são os melhores do mundo em tudo, enquanto os outros não são dignos de nada.[17] Apesar de nascer sempre no seio de uma cultura, o ser humano não está destinado a ficar confinado em seus limites. Não se trata, em hipótese nenhuma, de realizar uma escolha entre pertencer a uma cultura e agir como indivíduo livre: as duas atitudes não são excludentes. Em qualquer cultura, é sempre possível lembrar que "no fim das contas, nada é sagrado, exceto a integridade da própria consciência."[18] A consciência de si surge do reconhecimento pelos outros. Essa noção é um passo importante para se entender que o inter-humano precede e serve de fundamento ao humano. Ter domínio de sua própria cultura é muito significativo, mas esse "ter domínio"

---

16 TODOROV, Tzvetan. *Op. Cit.*, p. 33.
17 *Op. Cit.*, p. 46.
18 EMERSON, Ralph Waldo *apud* HARDING, Luke. *Os arquivos Snowden: a história secreta do homem mais procurado do mundo*. Trad. de Alice Klesck e Bruno Correia. Rio de Janeiro: Leya, 2014, p. 17.

não significa cega e estúpida obediência, como pretendem integristas de todas as facções.[19]

Terceiro, na perspectiva da guerra entre mundos é preciso refletir, pelo menos, sobre duas frases sinalizadoras de um suposto choque de civilizações: "atualmente, os conflitos mais perigosos ocorrem nos dois lados da linha que separa as principais civilizações do mundo" e "os ocidentais devem [...] unir-se para revigorar a civilização ocidental contra os desafios desencadeados pelas civilizações não ocidentais."[20] Essas ideias são lançadas como se fosse possível identificar, de uma só vez, o núcleo duro de cada civilização. Mas, não é só isso. Elas são apresentadas como se o encontro habitual entre as culturas (ocidental e não ocidental) esteja fadado ao choque, ao conflito e à guerra. As duas ideias guardam em si uma visão reducionista sobre as civilizações e as culturas. Essas ideias não percebem que as culturas vivas estão em constantes transformações, sem falar que um só indivíduo é potencial portador de múltiplas culturas. Em que há intensa convivência, essas culturas vivas acabam por se influenciarem mutuamente, movimentando elementos peculiares a cada uma delas e produzindo formas híbridas. Ao cabo de séculos, elas aparecem como os traços mais autênticos de cada uma. E mais ainda. Tais ideias também não conseguem notar que há algo mais adiante, para além de um "modelo guerreiro", na medida em que na mistura cultural, civilizações se abrem para a interação, o empréstimo mútuo e o intercâmbio.[21]

Quando o medo transformado em terror está enredado pela visão maniqueísta, através da qual um é bárbaro e outro civilizado, um é portador de cultura superior e outro de cultura inferior, e de que as civilizações e culturas estão sempre em confronto e jamais em contato transformador de uma e outra, instala-se a terrível "necessidade de inimigos".[22] Inimigos devem ser odiados e aniquilados. A "lógica inversa e perversa" dessa visão não é outra senão a de que eliminar o inimigo

---

19 TODOROV, Tzvetan. *Op. Cit.*, p. 78.
20 HUNTINGTON, Samuel P. *O Choque de Civilizações e a recomposição da ordem mundial.* Trad. de M. H. C. Côrtes. Rio de Janeiro: Objetiva, 1996, p. 16-17.
21 TODOROV, Tzvetan. *Op. Cit.*, p. 106-107.
22 *Op. Cit.*, p. 118.

não é ato criminoso, mas um "nobre dever". Essa estranha e estúpida "lógica do absurdo" é o estopim que, há muito tempo, tem sido capaz de transformar a "cultura do medo e do terror" no flagelo do terrorismo.

1.3 – O TERRORISMO EM AÇÃO

O terrorismo é um tipo muito peculiar de violência, porquanto produz um absurdo raio de horror com seus assustadores efeitos danosos.

Antes de tudo, é preciso um alerta. É um terrível engano imaginar que o terrorismo seja um fenômeno novo. Não é mesmo, notadamente, quando se fala de uso da violência na busca de objetivos ideológicos.[23]

Fala-se de uma pré-história do terrorismo com o movimento dos sicários judeus e dos assassinos islâmicos xiitas. Também não faltaram manifestações do terror através dos tempos tirânicos na civilização ocidental, desde o período clássico grego e romano, tomando contornos próprios na Alta e Baixa Era Medieval.

Entre os anos de 1789 a 1968, costuma-se dizer que se inaugura o terror moderno, embora não possam ser esquecidas suas manifestações entre as conquistas mongóis e turcas. No século XIX, tem destaque o terrorismo anarquista. Entre fins do século XIX e ao longo do século XX, entra em cena o terrorismo russo, como também acontecem os chamados "anos dourados" do terrorismo, com a eclosão de vários movimentos terroristas internacionais, sem poder ser esquecido o terrorismo de Estado e o terrorismo em tempos de guerras, da Segunda Guerra Mundial às guerras de libertação nacional. A partir da década de sessenta, até os tempos atuais, registram-se as ações terroristas do radicalismo islâmico, e os confrontos do Ocidente contra o terrorismo extremista, ao redor do mundo, seguem com o pipocar de episódios de terror que têm marcado as cenas do cotidiano.

Em latim, "terrere" significa "fazer tremer". Como um fenômeno político, é definido pela dualidade entre ideias professadas e suas implementações. E, como todo fenômeno político, terrorismo existe sempre em um contexto cultural e histórico. O mesmo se aplica para toda história dos movimentos terroristas, formados pelo contexto político em que

---

23 FERGUSON Niall. *Colosso*. Trad. de Marcelo Musa Cavallari. São Paulo: Editora Planeta do Brasil, 2011, p. 175.

eles nascem, vivem e morrem. Nenhuma sociedade tem o monopólio do terrorismo e, no curso da história, atos terroristas têm deixado suas marcas sobre um grande número de espaços geográficos e culturas.

Quem disser que o terrorismo é um fenômeno do novo milênio deve estar com algum sério problema de memória. A ação terrorista, há tempos, inclui incontáveis bombas, sequestros, disparos de armas de fogo por parte de diferentes exércitos, ligas, coalizões, brigadas, facções e frentes.

No universo literário do texto intitulado "O agente secreto", de Joseph Conrad, o leitor já dispõe de uma narrativa que mostra muito bem o que está por trás da ação terrorista. O líder subversivo, Vladimir, planeja o atentado à bomba contra o observatório de Greenwich, envolvendo uma série de humilhações. Os ultrajes têm de ser não só efetivos, mas também suficientemente assustadores. Eles devem trazer um ato simbólico que fale por si mesmo.[24]

No mundo real, porém, o terrorismo é mais do que simbolismo. Ele é a continuação da beligerância por outros meios.

As ações terroristas sempre contam com apoios logísticos, estratégicos e financeiros para se concretizarem, com o esperado êxito, nos mais diversos lugares do mundo. Em geral, os ataques são preparados com respaldo interno da sociedade em que os grupos terroristas fixam suas bases. Quando falta essa sustentação interna, as facções buscam apoio externo. Minorias étnicas, nacionalistas e radicais religiosos sempre empreenderam assombrosas campanhas de mortes e destruição em massa.

A elevação do terrorismo foi obra dessas ações violentas em vários lugares do mundo. Não tardaria a chegada do dia fatídico. O "onze de setembro" já se prenunciava e não foi nenhuma surpresa para especialistas.[25] De qualquer modo, as imagens exibidas para o mundo, em tempo real, no dia onze de setembro de 2001, ficariam coladas na retina dos milhares de olhos atônitos ao redor do globo. A data inaugurava aquela que ficaria carimbada como a "era do terror".[26] Ninguém duvidaria de que o "onze de setembro" passava, em definitivo, para os anais da história.

---

24   CONRAD, Joseph *apud* FERGUSON, Niall. Op. cit., p. 175.
25   *Op. Cit.*, p. 178.
26   PINKER, Steven.Op.cit., p.481.

No entanto, não devem ser tiradas conclusões apressadas. Não é tão fácil descortinar a trajetória da escalada do terrorismo. Ela é bastante esquiva. As estatísticas tiveram início apenas nos anos setenta, quando algumas agências começaram a coletânea de dados, embora eles se apresentassem distintos em seus critérios de registro e cobertura dos episódios.[27] Os dados estatísticos também se mostraram, por vezes, bastante tendenciosos. Muitos levantamentos apontaram grandeza numérica para o terrorismo internacional, chamado de não doméstico, e pequenez para o terrorismo nacional, denominado de doméstico. De qualquer modo, é preciso perguntar sobre o mundo como um todo. O banco de dados público mais abrangente é o "Global Terrorism Database", um amálgama de muitos dados considerados mais antigos. Na leitura das curvas de seus gráficos, alcança-se uma boa visão geral da situação mundial.

Soaria como exagero dizer que o mundo, atualmente, se encontre na "idade do terrorismo". O que se pode dizer é que o fenômeno do terrorismo já se tornou uma categoria histórica de violência em escala global. O termo terrorismo não é tão fácil de definir, uma vez que é volátil e varia com o contexto histórico. Entretanto, a escavação histórica do terrorismo, ao longo dos últimos tempos, tem demonstrado que ele se assenta no recurso sistemático à violência como forma de intimidação da comunidade no seu todo, podendo apresentar finalidades políticas bastante distintas: subversão do sistema político, destruição de movimentos cívicos, separatismo ou afirmação de convicções religiosas.[28]

Como modo assustador de se mostrar, o terrorismo tornou-se uma tática diabolicamente engenhosa. Ela combina a última palavra em direcionamento cirúrgico de um artefato mortífero com a última palavra em atuação furtiva. Em outros termos, há uma simbiose entre os mais precisos manipuladores e locomotores chamados mãos e pés, controlados pelos olhos e o cérebro humano, e um indivíduo de aparência igual à de milhares de outros. Quando se compara à sofisticação tecnológica, não há qualquer robô de combate que chegue perto. Não é à toa que se tem dito que não é necessário muito para uma ação terrorista bem-sucedida, bastando um indivíduo determinado, pregos, pólvora,

---

27 *Op. Cit.*, p. 478.
28 HOBSBAWN, Eric J. *Era dos Extremos: o breve século XX: 1914-1991.* Trad. de Marcos Santarrita. São Paulo: Companhia das Letras, 1995, p.539.

um interruptor elétrico com fio curto, mercúrio – facilmente obtido em termômetros – e acetona.[29]

Pessoas têm se exposto ao risco de vida na história das guerras, desde que elas existem na longa história da humanidade. O que surpreende na ação terrorista é a disposição para morrer com absoluta certeza, quando a tática é a do terrorismo suicida, tida como um dos mais eficientes na "missão de matar". As "missões suicidas" são raras na história das guerras, mas não nas histórias das ações terroristas.

Líderes militares se valem dos mais variados truques de manual para que seus liderados se sintam como "parentes" e assuma os riscos de vida. Willian Shakespeare imortalizou essa estratégia militarista em um dos mais célebres discursos motivacionais da história literária da guerra, quando Henrique V se dirige aos seus súditos, no dia de São Crispim, e lhes diz assim: "A festa de São Crispim e Crispiano nunca chegará. Deste dia ao fim do mundo, sem que se associe à nossa memória, à lembrança de nosso pequeno exército, de nosso bando de irmãos; porque aquele que verter hoje seu sangue comigo, por vil que seja, será meu irmão."[30]

A ação terrorista suicida vai além da morte pelo coletivo de irmãos, porque contém o mais eficaz apelo ao martírio. No martírio, indivíduos malsucedidos encontram nesse simples apelo aquilo que há tempos procuram e não encontram: o sentido para suas vidas.[31] Por mais estranho que pareça, em todas as sociedades, há indivíduos "esvaziados" que se mostram dispostos a colocarem à prova sua coragem e seu compromisso, especialmente em grupos, embalados pelo sentimento de relevância espiritual que advém do empenho total em uma cruzada, uma vocação ou um rito de passagem. O comprometimento com a "causa" ainda pode ser alimentado por uma ardorosa sede de vingança, sempre evocada, diante de afrontas históricas experimentadas por seu grupo. Nesse ambiente, não é difícil fazer o discurso de que a prática terrorista é a última face de todo o mal. Obviamente, essa não passa de uma retórica inebriante, mas de um simplismo estonteante. De qualquer modo, em uma época de globalização de tantas ideologias, parece que

---

29 PINKER, Steven. Op. cit., p.483.
30 SHAKESPEARE, Willian *apud* PINKER, Steven. *Op. Cit.*,p.485.
31 *Op. Cit.*, p. 488.

não faltará, ao menos nos incontáveis anos vindouros, um ideólogo nutrindo ressentimentos em algum lugar que seja tentado pelo espetacular retorno do investimento no terrorismo e um "bando de irmãos" ávidos a não só correr risco, mas a morrer com certeza, seja por camaradagem, glória ou promessas.[32]

Não há como não se esforçar para entender a "lógica do terror"[33] que, na era da globalização, produz uma nova e terrível "máquina mortífera" nos mais insondáveis e inimagináveis cantos do mundo.

1.4 – A GLOBALIZAÇÃO ATERRORIZADA

Uma das principais funções da história é relembrar o que muitos esqueceram ou querem esquecer. Ela se distancia dos fatos, tanto quanto possível, para tentar enxergar os eventos em um contexto mais amplo e com uma perspectiva mais longa.

Há fatos que reclamam um pensamento claro e bem informado. Não se trata de quaisquer fatos, mas de fatos de exponencial impacto na vida coletiva ao redor do mundo. Entre eles, lamentavelmente, destaca-se o terror. Ele tem lugar em um cenário mundial dominado, nos últimos tempos, por dois fenômenos correlatos. Um deles consiste na enorme e contínua aceleração da capacidade da espécie humana de modificar as relações planetárias por meio da tecnologia. O outro se refere ao crescimento das desigualdades econômicas e sociais acentuadas pela globalização.

A globalização é o fenômeno que será focalizado mais de perto, porque é o que mais chama a atenção, quando se busca entender o terror global.

Desde a década de sessenta, o avanço acelerado da globalização provocou um intenso impacto político e cultural, especialmente, na sua forma dominante de um mercado global livre e sem maiores mecanismos de controle. Trata-se de um mundo visto como um fluxo de interações que não podem ser refreadas pelas fronteiras locais.

---

32 *Op. Cit.*, p. 492.
33 FERGUSON Niall. *Op. Cit.*, p. 173.

Longe de qualquer esgotamento na análise do fenômeno da globalização, pelo menos três aspectos de ordem mais geral trazidos por ela parecem muito emblemáticos.

Primeiro, a globalização de mercados livres, tão propagados, acarretou uma dramática intensificação das desigualdades econômicas e sociais no âmago das nações e, também, nas relações entre elas. Esse surto de iniquidade se encontra na base das importantes tensões políticas e sociais do século em curso.

Segundo, o impacto da globalização é mais sensível para aqueles que menos se beneficiam com ela. Claro que existem grupos que, potencialmente, estão protegidos contra seus efeitos negativos. Contudo, há muitos outros vulneráveis e já atingidos por sua onda sombria, para não dizer sinistra, em seus vários aspectos. O mercado livre global descontrolado, com toda sua ambição sem limites, afetou a capacidade de promoção do bem-estar social pelos países periféricos, trazendo-lhes instabilidade política, econômica, social e cultural.

Terceiro, embora a escala real da globalização até possa ser considerada modesta, seu impacto político e cultural, especialmente, é bastante grande e desproporcional. Ainda que se diga que o fenômeno da globalização seja temporário, embora assim não pareça, em curto prazo, esse impacto desproporcional já revela sérias consequências políticas nacionais e internacionais.

Não é por outra razão que, desde o final da década de sessenta, em grande parte, o Estado nacional perdeu o monopólio do poder e do sentido de legitimidade que levam os indivíduos ao respeito pela ordem estatal, de modo que essa fragilização tem contribuído bastante para o aumento da violência em grande medida.[34]

A globalização atua de forma seletiva, incluindo e excluindo segmentos de economias e determinadas sociedades das redes de informação e das fontes de riqueza e poder que marcam o novo sistema dominante. A crise do Estado nacional e da sociedade civil compromete a capacidade institucional de ajustar os desequilíbrios sociais derivados

---

34 HOBSBAWN, Eric. *Globalização, Democracia e Terrorismo*. Trad. de José Viegas. São Paulo: Companhia das Letras, 2007, p. 125.

de uma lógica de mercado irrestrita.[35] Há uma inevitável relação desse desgaste estatal e institucional com as mais variadas formas de violência, entre elas, a ação terrorista. Sem qualquer reserva, as imagens, os sons e as palavras que descrevem a violência em suas formas extremas passaram a integrar a vida cotidiana, enquanto os controles sociais, que se antepunham à prática dessa violência, ficaram bastante enfraquecidos, para não dizer quase aniquilados. No entanto, há um fato mais perigoso na geração da violência sem limites. Trata-se da convicção ideológica que domina tanto os conflitos nacionais, quanto os internacionais. Ela está sempre pronta para repetir à exaustão que a "causa" que se defende é tão justa, enquanto a do outro é tão terrível, que todos os meios para conquistar a vitória e evitar a derrota não são apenas válidos como necessários.[36]

A barbárie tem sido contínua historicamente, mas não uniforme. Sem qualquer pretensão de exaurir o mosaico de barbarismos, é possível apontar, em uma perspectiva mais abrangente, três grandes surtos de violência, desde a década de sessenta.

O primeiro foi o renascimento do chamado "neoblanquismo", consistente nas tentativas de certos grupos de elite, em geral autoproclamados, que estiveram empenhados em derrubar regimes ou em alcançar objetivos nacionalistas-separatistas por meio da ação armada.

O segundo está relacionado ao aspecto étnico e religioso como pano de fundo para as xenofobias crescentes, massacres em escalas desconhecidas e genocídios sistemáticos. Os grupos ativistas dessa vertente contam com apoio de grande parte do público e com fontes articuladas de recrutamento. Foi nesse modelo que surgiu uma "inovação" singularmente terrível. Trata-se do homem-bomba midiático. Um dos sinais infelizes de barbarização está na descoberta, por muitos dos terroristas, de que a violência como atrocidade em massa tem vulto para ganhar visibilidade inigualável na mídia e circular em manchetes de primeiras páginas pelo mundo.

O terceiro parece predominar na violência ideológica que, pela trilha sistemática, tem se tornado global, a partir da organização de

---

35 CASTELLS, Manuel. *Fim de Milênio*. Volume III. Trad. de Klauss Brandini Gerhardt e Roneide Venancio Majer. São Paulo: Paz e Terra, 1999, p. 191.
36 HOBSBAWN, Eric J. Op. cit., p. 127.

movimentos terroristas que, de modo estratégico, operam na órbita maneira transnacional. Trata-se de um movimento descentralizado, disseminado em indivíduos ou pequenos grupos capazes de atuar, em qualquer lugar do mundo, sem necessidade de uma base fixa territorial. Forma-se uma rede difusa, apta à realização de ataques nos mais diversos espaços públicos e privados das sociedades contemporâneas.

O terror contra populações inteiras é sempre muito brutal. As sociedades globalizadas estão aterrorizadas e, assim, foi aberto o caminho para outra globalização: a da "guerra contra o terror".[37] Uma nova modalidade de "guerra", introduzida no tabuleiro das chamadas "questões intercivilizacionais", que não poupa palavras para dizer que o terrorismo, ao longo dos tempos, tem se mostrado como a arma dos fracos, mas que reconhece a capacidade de alguns terroristas de espalharem violência e destruição maciças, aterrorizando as sociedades ao redor do mundo.[38]

Apesar da força desse discurso de "guerra", com seu poder de seduzir sociedades atacadas e abaladas, parece haver certa supervalorização do fenômeno terrorista. Não se pode dizer com tanta certeza que os horripilantes atentados terroristas, em diversos lugares do mundo, sejam um problema militar. Seria mais sensato tratá-los como um problema policial.

A globalização da "guerra contra o terror", para aplacar o horror da sociedade global aterrorizada, pode levar a "guerras sujas"[39], que lançam as bases de um sistema internacional cada vez mais violento e são tão perigosas quanto as assustadoras ações terroristas. Nada disso significa, porém, que não sejam necessárias importantes medidas policiais, nacionais e internacionais, para o enfrentamento do terrorismo.[40] Só que ações policiais bem-sucedidas pressupõem, nos tempos atuais, uma melhor compreensão da globalização do crime organizado. Ele é a porta de entrada para a desestabilização da segurança de países inteiros, impondo seu poder paralelo sobre os Estados legítimos e abalando suas instituições, a lei e a ordem.

---

37   HOBSBAWN, Eric. *Op. Cit.*, p. 134.
38   HUNTIGTON, Samuel P. *O Choque de Civilizações e a Recomposição da Ordem Mundial*. Trad. de M. H. C. Côrtes. Rio de Janeiro: Objetiva, 1996, p. 233.
39   SCAHILL, Jeremy. *Guerras sujas: o mundo é um campo de batalha.* Trad. de Donaldson Garschagen. São Paulo: Companhia das Letras, 2014, p. 666.
40   HOBSBAWN, Eric. Op. cit., p. 136.

1.5 – GLOBALIZAÇÃO E CRIME ORGANIZADO

A prática criminosa tem assumido novas nuances desde que a comunidade internacional experimenta, nos últimos tempos, inquietantes revoltas políticas, mudanças geopolíticas e reestruturações tecnológicas.

O crime em escala global, caracterizado pela formação de redes entre poderosas organizações criminosas e seus associados, com atividades espalhadas em todo o mundo, constitui um novo fenômeno que atinge, profundamente, a economia, a política e a segurança no âmbito nacional e internacional. As sociedades, em geral, são afetadas e sentem suas estruturas abaladas com esse fenômeno da conexão perversa do crime global.

A flexibilidade da conexão dessas atividades criminosas, por meio de redes internacionais, constitui uma característica essencial da nova era global, bem como da dinâmica sociopolítica da era da informação.[41]

Nas últimas décadas, as organizações criminosas vêm estabelecendo, cada vez mais, suas operações de uma forma transnacional, aproveitando-se da globalização e das novas tecnologias da informação e da comunicação. A ultrapassagem das fronteiras das atividades criminosas faz com que o crime organizado dos mais diversos países estabeleça alianças estratégicas para cooperar com as transações pertinentes a cada organização. Os lucros globais oriundos de todos os tipos de atividades ilegais são calculados em cifras extraordinárias.

Nas fontes do crime global, não faltam organizações enraizadas regional, nacional e etnicamente. A maioria ostenta uma longa história, relacionada à cultura de países e regiões específicas, com suas ideologias, códigos de honra e mecanismos de filiação e comprometimento.[42] Não se engane em imaginar que essas organizações, solidamente fundadas na cultura regional, desapareceram nesse mundo "sem fronteiras" das redes globais; ao contrário, a formação de redes em escala global possibilita que as organizações criminosas tradicionais sobrevivam e se fortaleçam, na medida em que escapam aos controles mínimos de um determinado Estado.

Redes criminosas diversificadas tornaram-se uma força bastante representativa na arena mundial. Em diversos países e inúmeras

---

41 CASTELLS, Manuel. Op. cit., p. 204.
42 *Op. Cit.*, p. 206.

localidades, redes criminosas estão cientes da chance de se conectarem a redes mais amplas de atividades nesse submundo que marca tenebrosa presença em muitas comunidades, cidades e regiões.

Parece não haver dúvidas de que por trás dessa engenhosidade criminosa há sempre a possibilidade de se estabelecer um negócio de alta lucratividade. A conferência na Organização das Nações Unidas, realizada em 1994, sobre o crime organizado transnacional, aponta que esse sistema criminoso, cada vez mais, assume a face empresarial do mal. Não funciona sem dinheiro, mas muito dinheiro. O espantoso volume de capital é a grande matriz do crime global. A lavagem de dinheiro é a sua principal engrenagem. Ela não é uma atividade aleatória e arriscada, como se pode imaginar; ao contrário, é muito bem engendrada por seus agentes, cumprindo etapas coordenadas. A primeira envolve a inserção do dinheiro sujo em instituições financeiras. A segunda se refere à chamada "acomodação", ou seja, eliminação de qualquer tipo de rastro ou relação entre os recursos e sua fonte de origem, para evitar que sejam identificados em auditorias. A terceira é o da "integração", vale dizer, a introdução de capital "lavado" nos pontos de entrada mais desguarnecidos da economia legal.

A chave para a expansão do crime global se encontra na flexibilidade e versatilidade de sua organização. A formação de redes é o seu principal modo de operação, tanto na órbita interna, quanto na relação externa com outras organizações criminosas. As redes de distribuição operam com base em grupos locais, para os quais fornecem produtos e serviços e deles recebem sólido apoio.

Não deixa de ser curioso notar que, em fins do século XX, as "massas" retornaram à cena mais em papéis principais do que como coadjuvantes, muitas vezes, em forma de guerrilhas e ações terroristas, tornando-se epidêmicas no mundo. Os incidentes de terrorismo internacional aumentaram quase continuamente.[43] E a necessidade de escapar da prevenção e repressão das forças de segurança instituídas pelo Estado nacional, faz das alianças estratégicas entre as redes criminosas um fator essencial nessa nova forma de operações. Por si só, sem esse "arranjo de parcerias", é muito difícil, quase impossível, uma organização criminosa ser capaz de se integrar, por completo, em todo o planeta. Além

---

43 HOBSBAWN, Eric. *Era dos Extremos: o breve século XX: 1914–1991*. Trad. de Marcos Santarrita. São Paulo: Companhia das Letras, 1995, p. 443.

do mais, é pouco provável que ela consiga ampliar seu raio de ação internacional, sem invadir o território tradicionalmente controlado por outros grupos locais. Não há outra lógica nesse mosaico transnacional, ou seja, em geral, as organizações criminosas estabelecem pontos de convergência que ultrapassam fronteiras e grupos nacionais.

Seria muita ingenuidade não entender que é a combinação entre flexibilidade na formação de redes entre grupos locais, fundados na tradição e na identidade, e o poder de ação global, favorecido por alianças estratégicas, o que ajuda a explicar, em grande parte, a força organizacional do crime global.[44]

Não pode passar despercebido que a globalização do crime organizado apresenta, ao menos, três impactos importantes na ordem mundial: o econômico, o político e o cultural.

No nível econômico, sabe-se que as atividades criminosas transnacionais, de algum modo, influenciam uma série de economias nacionais. Em alguns casos, o volume de capital é tão grande que supera até mesmo toda a economia de um país; em outros, representa um montante bastante expressivo, capaz de condicionar os processos macroeconômicos, exercendo papel decisivo em regiões do mundo e setores específicos da economia global. Os efeitos desestabilizadores da subterrânea economia do crime organizado transnacional sobre as políticas econômicas dificultam muito o controle dos processos econômicos, sobretudo, em países com uma economia bastante globalizada. Esses efeitos acabam se tornando "agentes econômicos" não alcançados pelos mais rigorosos esforços de controle estatal.[45]

No nível político, o impacto do crime organizado transnacional é percebido nas políticas e instituições estatais. A soberania estatal vem experimentando, cada vez mais, ameaças diretas de redes criminosas tão flexíveis, de modo que tem enorme dificuldade para estabelecer eficazes e eficientes mecanismos de controle de suas ações. Houve mesmo uma mudança de estratégia. Por algum tempo, a estratégia fundamental do crime organizado era a infiltração nas instituições nacionais, regionais e locais, seja no âmbito político ou burocrático. Essa linha de ação não deixou de ser um elemento importante nas operações do crime organizado.

---

44 CASTELLS, Manuel. *Op. Cit.*, p. 217.
45 *Op. Cit.*, p. 239–240.

No entanto, nos últimos tempos, a globalização provocou uma verdadeira mudança na estratégia institucional do crime organizado. Abrigos seguros para sua instalação, enraizamento e expansão são encontrados em todos os lugares, sejam eles pequenos, médios ou de grande porte, com o suporte da enorme mobilidade e da extrema flexibilidade das redes, possibilitando-lhe se esquivar com certa facilidade e ficar fora do alcance mais efetivo dos mecanismos preventivos e repressivos das instituições estatais em seus frustrados esforços para coibirem as ações criminosas nos mais diversos países.

No nível cultural, a influência do crime global se opera de maneiras bastante sutis. Por um lado, a identidade cultural nutre a maior parte das redes criminosas, fornecendo os códigos e as formas de comprometimento que estabelecem a confiança e garantem a comunicação no âmbito de cada rede. Há sempre um nível amplo de compartilhamento e compreensão dentro da organização criminosa, que se sustenta na história, na cultura e na tradição. E não é só, pois ela gera sua ideologia de legitimação nesse universo. Na realidade, quanto mais o crime organizado se globaliza, tanto mais seus componentes mais importantes valorizam sua identidade cultural, com o propósito de não esvanecer no turbilhão do espaço de fluxos. Não surpreenderia dizer que as redes criminosas estejam à frente até mesmo das empresas multinacionais em termos de capacidade de aliar identidade cultural a negócios globais. Não obstante, o maior impacto cultural das redes criminosas globais sobre as sociedades em geral, além da expressão de sua própria identidade cultural, é a nova cultura que elas estimulam no mundo afora. Em diversos contextos, criminosos bem-sucedidos transformaram-se em "modelos de heróis" para novas gerações que não vislumbram perspectivas fáceis de deixarem para trás as condições sociais desfavoráveis em que vivem, não enxergam qualquer chance de usufruírem dos benefícios materiais da vida contemporânea e não escondem seus desejos de realizarem aventuras bombásticas que tragam "minutos eternizados de celebridade". Na obra "Notícia de um Sequestro", Gabriel Garcia Marquez fala dessas novas gerações dispostas a uma total entrega a momentos intensos de vida, entrando e saindo de cena com a mesma velocidade, mas sempre movidos por fortes emoções. Durante esses breves momentos de existência, o sentimento de poder, riqueza e fama compensa o cenário de uma vida cotidiana monótona e sem sentido.[46]

A difusão da cultura do crime organizado é reproduzida pela ampla penetração do submundo criminoso, na vida social, pelos inúmeros veículos da mídia de massa. Não faltam pessoas, ao redor do mundo, familiarizadas com a vida de criminosos e de suas "façanhas", retratados pelas mídias como "astros com uma aura de fascínio por seus pensamentos e ações". O meio é a mensagem. Como suporte material, o meio tende a ser apresentado como transparente e não determinante dos conteúdos veiculados; mas, ao contrário, a mensagem transmitida por um veículo de comunicação lança ao espectador, em todos os cantos do mundo, diferentes estruturas perceptivas, deflagra distintos mecanismos de compreensão e adquire muitos significados. Em outros termos, o meio, o canal, enfim, a tecnologia da informação e da comunicação não se configura apenas como uma forma comunicativa, mas determina o próprio conteúdo da comunicação, influenciando as transformações da própria cultura humana.[47]

A cultura do crime organizado acaba contribuindo para a formação de uma nova sociedade, constituída de identidade comunal, mas interconectada à rede global, modelando um mundo assombrado e atormentado por sua estonteante força cultural dominadora.

1.6 – GLOBALIZAÇÃO E CRIMINALIDADE TERRORISTA

Antes de tudo, é necessário tentar uma demarcação teórica entre terrorismo, ação terrorista e grupo terrorista. O terrorismo é uma forma particular de violência, que se concretiza na prática de ações terroristas. Ação terrorista se refere ao ato que pode ser praticado, esporádica ou sistematicamente, por qualquer agente, valendo-se do uso de violência. O grupo terrorista é aquele segmento que elege a ação terrorista como forma única ou predominante da sua prática da violência. De qualquer modo, a definição de terrorismo é requerida não apenas pela importância de sua formulação teórica, mas também pela leitura

---

46 MARQUEZ, Gabriel Garcia *apud* CASTELLS, Manuel. Op. cit., p. 243.
47 MCLUHAN, Marshall. *A galáxia de Gutenberg: a formação do homem tipográfico*. Trad. de Leônidas Gontijo de Carvalho e Anísio Teixeira. São Paulo: Editora Nacional, Editora USP, 1972, p. 15–17.

de sua operacionalidade, necessária para seu enfrentamento centrado na sua forma específica de prática de violência, o que se manifesta na própria ação terrorista. Desse modo, o terrorismo reconduz à prática da violência. Ele constitui uma modalidade da violência, provavelmente, a mais apavorante de todas. Assim, toda situação em que a violência acontece pode, pois, ser terrorismo, mas nem toda violência é terrorismo. Trata-se de uma utilização desproporcional, deliberadamente exagerada da violência mais perversa que, ao ser engendrada friamente nas circunstâncias de sua execução, ignora qualquer tipo de escrúpulos ou limites humanos, de modo a amplificar o efeito "medo" que, com mais ou menos intensidade, toda violência provoca. O medo amplificado que o terrorista quer provocar, por meio da utilização nefasta da violência, é a arma decisiva para atingir aqueles que pretende afetar. E não se trata de atingir apenas vítimas imediatas, mas também as mediatas, ou seja, aquelas que permanecem mais distantes dos atos danosos, embora não deixem de sentir os efeitos psicológicos do poder de destruição do terrorismo. Essa amplificação do medo provocado é buscada pelo terrorista que age movido por um ou mais dos seguintes vetores: espetaculosidade, crueldade e imprevisibilidade. Pelo primeiro, procura-se o maior sensacionalismo possível, chamando o máximo de atenção pública, reforçada pelo embalo midiático, para seu ato. Pelo segundo, provoca-se sofrimento intenso, mostrando total ausência de piedade, alargando o número de vítimas, destruindo e mutilando para além dos objetivos imediatos de seus atos violentos. Pelo terceiro, atinge-se qualquer vítima, de maneira indiscriminada, nos mais diversos lugares, mesmo sem nenhuma relação com seus propósitos diretos ou indiretos.

Há um esforço para uma sistematização conceitual sobre o terrorismo. As propostas são inúmeras: ato terrorista isolado, terrorismo revolucionário e terrorismo apoiado pelo Estado; Estado terrorista, terrorismo com suporte estatal e terrorismo sem suporte estatal; terrorismo de movimento nacionalistas, autonomistas ou minorias étnicas, terrorismo de seitas ideológicas ou sociedades secretas, terrorismo de grupos de exilados ou de emigrados com aspirações insurgentes, separatistas ou revolucionários; grupos terroristas transnacionais com suporte logístico; terrorismo de Estado e terrorismo privado (terrorismo justiceiro, patriótico e pseudo-revolucionário; terrorismo de Estado, terrorismo revolucionário e terrorismo libertador; terrorismo internacional, terrorismo transnacional, terrorismo nacional, terrorismo de Estado, terrorismo nacionalista, terrorismo revolucionário e terrorismo tático. Todo esse repertório ainda não é suficiente para exaurir uma sistematização conceitual sobre o terrorismo, até porque se trata de uma fenômeno com as mais variadas nuances. Suas configurações com as inevitáveis metamorfoses são muitas e múltiplas. Contudo, esse cipoal classificatório pode ser um pouco desemaranhado. Um percurso histórico ajuda muito nesse processo descortinador, quando se busca entender o que ele foi outrora e o que ele é agora.

Após a conquista romana de Judeia, muitos séculos atrás, extremistas judeus ("sicários") resistiam aos invasores romanos e seus colaboradores, mediante ataques furtivos, armados com suas adagas ("sicas"), escondidas em seus mantos.

No cenário ocidental, na antiguidade, não faltou o "tiranicídio" grego. Assassinatos daqueles que eram visto como usurpadores, não apenas do poder político, mas também da propriedade e da honra do povo. Entre os romanos, "tiranicídio", terror e violência política eram práticas constantes, havendo verdadeiras gangues organizadas do terror, compostas por imigrantes, soldados, escravos e até gladiadores que eram executores dos assassinatos.

Nos tempos seguintes, durante a Alta Medievalidade europeia, conflitos entre a Igreja e o Estado levaram a novas "justificativas" para o "tiranicídio". A questão religiosa e a situação política da época, dentro dos mecanismos do sistema feudal em curso, tornavam difícil estabelecer uma nítida diferença entre morte privada e assassinato político. No entanto, o assassinato político acontecia, e não era um episódio raro, sobretudo, quando se julgava que o governante deixava de ter semelhança com a divindade para se assemelhar ao "príncipe das trevas". Era honorável o assassinato daqueles tidos como governantes demoníacos quando não se conseguia conter seus ímpetos. Na Baixa Medievalidade, semeava-se a crença de que a tirania era um desvio da lei divina e natural. A "justificativa" para o "tiranicídio", apoiada pelo propósito de dar conformidade ao ato de assassinato a certas regras morais, é parecida com a doutrina da chamada "guerra justa"[48], ou seja, aquela em que o

---

48 CHALIAND, Gérard; BLIN, Arnaud.*The History of Terrorism: from antiquity to Al- Qaeda.*Trad. Edward Scheneider, Kathryn Pulver e Jesse Browner. California: University of California Press, 2007, p. 81.

uso da violência é "justificado" em determinadas situações que reclamam a reposição da ordem moral.

No século XV, o décimo sexto Concílio Ecumênico de Constança proscreveu o "tiranicídio". No entanto, não faltaram religiosos que escreveram, valendo-se de pseudônimos, vindicações contra os tiranos. E, no século XVI, ainda se investigavam "justificativas" religiosas, morais e políticas para o "tiranicídio".[49] Para muitos grupos revolucionários e organizações terroristas, ele é uma chave elementar de suas ideologias. Entretanto, o "tiranicídio" também serve como uma espécie de "justificativa" para o terrorismo de Estado, isto é, o terror despejado pelo aparato estatal contra o povo.[50]

Antes da emergência dos modernos sistemas de terror estatal, sociedades nômades guerreiras praticaram terrorismo em larga escala com medonha efetividade. De todas as tribos, os mongóis eram os melhores organizados, os mais terríveis e os mais destrutivos. O terror tornou-se uma ferramenta básica da estratégia nômade conquista. O uso sistemático de terror foi instituicionalizado por Gengis Khan em paralelo com sua reorganização das forças mongóis. E ele foi refinado em um grau sem precedentes com Tamerlão, que se considerava um sucessor espiritual de Gengis Khan. Tamerlão era um muçulmano de língua turca, imerso na cultura persa, que procurou impor o Islã enquanto preservava sua herança mongol e suas leis costumeiras.[51] A principal característica de seu estilo de combate era a realização de frequentes assaltos em grandes cidades, e o uso sistemático de terror contra elas era um elemento integral da estratégia de Tamerlão. Na Europa, na chamada guerra dos trintas anos (1618–1648), houve uma violência bastante cruel entre católicos e protestantes, caracterizada por destruições, incêndios, pilhagens, saques, brutalidades. A guerra teve quatro períodos, o palatino, o dinamarquês, o sueco e o francês. Entretanto, o uso do terror em tais guerras acabou se inserindo dentro de uma atmosfera mais geral de violência, em que havia uma presença massiva de forças em vários cantos da Europa. Forças particulares de mercenários se confrontavam com forças modernas nacionais. O resultado da combinação de violência

---

49 *Op. Cit.* p. 82.
50 Op. cit., p. 84.
51 Op. cit., p. 87.

sem inibição foi o seu perverso reflexo sobre os civis. Eles acabavam ficando no centro dos confrontos e se tornavam as primeiras vítimas.[52]

A Revolução Francesa (1789–1799) foi um ponto de mudança na história do terrorismo. Ela foi responsável pelo nascimento do termo "terror", isto é, ela trouxe a invenção do terror moderno, instalando aquilo que passou a ser denominado do terrorismo estatal. O termo terrorismo, obviamente, deriva da experiência do terror revolucionário francês entre 1793–1794, quando os considerados traidores do regime eram levados à guilhotina. Ela não parava de cortar cabeças, mas não era a única a consumar o morticínio. No Campo de Marte, eram executados, a tiros, os inimigos da Revolução, nas chamadas "grandes fornalhas", enquanto outros eram afogados em execuções de denominadas "deportações verticais". A ideia de soberania popular era reivindicada em defesa do terror estatal, incluindo a violência extrema.[53]

Seguindo a ideia do terror, sabe-se que o século XIX marcou um longo hiato para o terrorismo estatal, que não eclodiu em nenhuma forma significativa até 1917. Contudo, o hiato viu o desenvolvimento de um novo tipo de terrorismo político que passou a ser cometido dentro de outra perspectiva. Durante a segunda metade do século XIX, houve a emergência da doutrina anarquista. Nessa época, Europa e Estados Unidos passavam por transformações tecnológicas e econômicas sem precedentes, instalando-se uma problemática questão social dentro de uma avançada etapa de controle da vida pela ordem capitalista. Os anarquistas surgiriam para rejeitar todas as formas de autoridade. No ambiente italiano, o anarquismo foi marcado pela doutrina da "propaganda pelo ato" favorecida pelos anarquistas terroristas. No ambiente espanhol, o movimento anarquista também obteve sucesso, por um período de muitas décadas, valendo-se do toda forma possível de "propaganda pelo ato". No ambiente norte-americano, as motivações dos anarquistas terroristas eram as mais variadas e houve uma série de leis que golpearam o coração do movimento que também se orientava pela doutrina da "propaganda pelo ato". No ambiente francês, o princípio da "propaganda pelo ato" era recorrente e houve um grande número de atos terroristas espetaculares, além de ter se desenvolvido a doutrina da ação

---

52 Op. cit., p. 90.
53 Op. cit., p. 95.

direcionada, bem como o uso da dinamite atingiu seu ápice entre anos de 1892–1894.[54] Os atos dos terroristas anarquistas do século XIX tinham características específicas. Eles eram perpetrados em nível individual e contavam com mínimos suportes de financiamento e treinamento. Não havia redes a conceber uma estratégia de terror em nível nacional e internacional, de modo que os terroristas agiam com base em seus sentimentos pessoais. No entanto, recorrer à "propaganda pelo ato" começou a tomar uma dimensão internacional e a "linguagem das bombas" se espalhou por diversas partes do mundo com o movimentos anarquistas.[55]

Desde a segunda metade do século XIX, pregava-se uma doutrina de terrorismo em que a violência, teoricamente destinada ao avanço da revolução, chegava bem perto de se tornar um fim em si mesmo. Dizia-se que o revolucionário só conhece uma ciência, qual seja, a "ciência da destruição". E seu propósito também é um só, ou seja, a mais rápida e segura destruição do sistema político nojento.[56] O foco central do terrorismo russo se situou na luta contra o regime czarista. Na realidade, o terrorismo como um meio de luta foi empregado por duas linhas no movimento revolucionário russo e, assim, por dois grupos que eram partes da uma mesma continuidade: "Narodnaya Volya" ("A Vontade do Povo") e Partido Socialista Revolucionário. Entretanto, o movimento revolucionário foi marcado pela diversidade com a presença de populistas, niilistas, anarquistas e propagandistas. Mas, na história do terrorismo dois nomes foram marcantes: Sergei Genadievich Nechayev e Yevno Azev. Com seu "catecismo revolucionário", o primeiro fomentou o fanatismo e a total ausência de qualquer limite moral na escolha dos meios para o terrorismo. Com sua experiência de informante da polícia e revolucionário, o segundo elevou o terrorismo para o nível estratégico, alcançando seu sucesso com a Organização de Combate que propunha a luta contra a autocracia por meio de atos terroristas.[57] Já nas primeiras décadas do século XX, entre 1903–1907, estima-se que havia uma quantidade significativa de anarquistas em solo russo e o que se sabe é que somente em 1907 o período terrorista se encerrou com a

---

54 CHALIAND, Gérard; BLIN, Arnaud. Op. cit., p. 113-126.
55 *Op. Cit.*, p. 129-130.
56 NECHAYEV, Sergei Genadievich *apud* FERGUSON, Niall. Op. cit., p. 175.
57 CHALIAND, Gérard; BLIN, Arnaud. Op. cit., p. 157-159.

mudança do movimento revolucionário para o sindicalismo. Entretanto, o Partido Socialista Revolucionário tinha trazido para debate, outra vez, o tema do terrorismo e ele alcançou seu pico em 1907. Nos anos seguintes, continua a discussão sobre o terror, até que se propôs uma mudança dos métodos terroristas. Agora, o que se pregava era a guerra terrorista com aplicação de alta tecnologia e por meio de grupos técnicos especializados.[58] Não obstante as vicissitudes, com a Primeira Guerra Mundial e com a Revolução de Fevereiro de 1917, o Partido Socialista Revolucionário se reergueu no cenário russo. No ambiente russo, salpicado de motins, tumultos e insurreições armadas, o terrorismo foi um elemento de particular significado.[59]

Os últimos tempos do século XIX e o recém chegado século XX assistiram ao crescimento de muitos movimentos terroristas internacionais. A era dos anarquistas tinha amenizado, mas a dos nacionalistas tinha apenas começado a se projetar no terrorismo. Fala-se de uma "era dourada" do terrorismo. A Sociedade Sérvia Nacionalista "Mão Negra" orquestrou uma série de ataques terroristas, entre 1910 e 1914, contra o governo austríaco, tendo objetivos políticos na região dos Balcãs. O estilo do terrorismo se torna psicológico e político. Provocar uma impressão na mente do povo e nos regimes políticos é o objetivo dos movimentos terroristas modernos. A contribuição da tecnologia se torna fundamental para as ações bem-sucedidas. A dinamite mudou radicalmente a tecnologia terrorista. Tecnologias explosivas chegaram para ficar no universo das ações terroristas.[60] Não se deve imaginar que as práticas terroristas no território russo e no sul europeu, entre os séculos XIX e XX, resumem todo terrorismo desse período. O território polonês foi atingido por ondas terroristas até depois da Primeira Guerra Mundial. Ataques terroristas na Índia Britânica prenunciaram os futuros combates para libertação nacional por muitas décadas. Antes de seu desmantelamento, O Império Otomano experimentou o embate de duas campanhas terroristas, apoiadas por armênios e macedônios. Por mais de um século, a violência na Irlanda e, depois, na Irlanda do Norte, teve uma presença intermitente nas manchetes da imprensa. Enquanto

---

58 Op. cit., p. 171.
59 Op. cit., p. 172.
60 CHALIAND, Gérard; BLIN, Arnaud. Op. cit., p. 179-180.

os irlandeses atacavam a coroa britânica, os indianos buscavam a libertação do jugo inglês. O nacionalismo indiano era uma mistura de ideologia ocidental, cultura nativa e tradições religiosas. A Associação da República Socialista do Industão publicou e distribuiu o manifesto intitulado "Filosofia da Bomba". Nesse escrito, considerava o terrorismo uma fase necessária e inevitável da revolução. O terrorismo instila medo nos corações dos opressores e a redenção das massas oprimidas.[61] Ainda na chamada "era dourada" do terrorismo, a "Organização Revolucionária Interna da Macedônia", um movimento nacionalista, promoveu ataques para a libertação dos macedônios da dominação turco-otomana. Do mesmo modo, atuou o movimento de resistência croata denominado "Ustase", visto como a personificação do terrorismo entre as guerras. E os armênios também não ficaram de fora da luta por libertação, deflagrando uma operação terrorista contra o centro financeiro do Império Turco-Otomano, com o objetivo de atrair a atenção ocidental para a "questão armênia".[62] Mas, nessa mesma época, entre as duas guerras mundiais, também não pode ser esquecido o terrorismo da extrema direita. Em geral, suas vítimas eram membros de grupos chamados "outsiders" (aqueles que vivem à margem da sociedade e determinam seu próprio estilo de vida), assim definidos pelos extremistas.[63]

Em suas várias formas, o terrorismo russo tinha ajudado a enfraquecer o Estado Russo e definiu a política para a Revolução de 1917, sobre a qual as táticas do terror logo se mesclaram com o Estado Soviético. O "leninismo" instalou um sistema que o stalinismo levaria aos extremos. O objetivo não era só erradicar os vestígios de um velho poder, mas eliminar todos os potenciais aspirantes ao poder e todos seus oponentes.[64]

O terrorismo dos tempos mais recentes, que aflorou na Segunda Guerra Mundial e nas guerras de libertação nacional, não deixou de avançar nas décadas subsequentes. Ao longo desse período, que também marcou o apogeu da Guerra Fria, o terrorismo, acima de tudo, era um terrorismo de guerra, servindo a uma estratégia de atrito. Se o terrorismo se manteve como uma das constantes manifestações da violência

---

61 Op. cit., p. 188.
62 Op. cit., p. 190-193.
63 CHALIAND, Gérard; BLIN, Arnaud. Op. cit., p. 195.
64 Op. cit., 197-207.

política, foi porque provou sua efetividade como uma arma auxiliar. Enquanto o terrorismo ganhava certo sucesso, graças a uma particular combinação de fatores estratégicos e advento da mídia de massa e comunicações, a história tende a demonstrar que ele raramente provou ser capaz de realizar os objetivos políticos dos grupos que recorreram a ele. Foi na era da descolonização que se desenvolveu uma complexa relação entre a democracia e o terrorismo. O terrorismo da descolonização deve seu sucesso às contradições morais e políticas envolvidas entre os valores democráticos, caracterizados pela defesa da liberdade e as exigência do colonialismo baseado na dominação.[65]

Para os historiadores contemporâneos do terrorismo, quatro datas são consideradas referências: 1968, 1979, 1983 e 2001.

Em 1968, latino-americanos deflagraram suas estratégias chamadas guerrilhas urbanas, enquanto os palestinos iniciaram a tática do terrorismo como façanha pública.

Em 1979, a Revolução Islâmica Iraniana marcou o impressionante sucesso do islamismo radical xiita. Sua influência foi não só direta no "Partido de Deus" ("Hezbollah"), um partido fundamentalista libanês xiita, mas também indireta, promovendo o surgimento do terrorismo suicida como glorificação tradicional do martírio.

Em 1983, o terrorismo suicida no Líbano com ataques do "Partido de Deus" ("Hezbollah"), atingindo tropas norte-americanas e francesas, é considerado um marco no desenvolvimento do terrorismo internacional.

Em 2001, o ataque de "onze de setembro", marca o estádio final da evolução do terrorismo clássico.

Essas quatro datas ajudam a se ter uma visão abrangente das muitas faces do terrorismo contemporâneo. Quando se busca ter um entendimento mais completo possível do termo "terrorismo", que engloba um número variado de movimentos e grupos, de alguma maneira, é necessário tentar estabelecer uma tipologia sumária. Excetuando o terrorismo de Estado, é importante traçar uma distinção entre grupos terroristas baseados em ideologias políticas de esquerda ou direita; movimentos nacionalistas ou separatistas ou autonomistas; e, político-religiosos

---

65 Op. cit., p. 208-217.

sectarismos. Na maioria das situações, o terrorismo dos tempos modernos representa uma estratégia política, capaz de causar impacto psicológico na população, sem a via do combate.

Entre os grupos terroristas revolucionários, de esquerda e também de direita, são apontados os seguintes: nos Estados Unidos, o Exército Negro da Libertação, a Liga da Defesa Judaica, o Meteorologista Subterrâneo e o Exército Simbionês de Libertação; na Alemanha, a "Facção Exército Vermelho", conhecido como "Rote Armee Fraktion" ou grupo "Baader-Meihof". E o "Movimento 2 de Junho"; na Itália, as "Brigadas Vermelhas", conhecidas como "Brigate Rosse", e, à direita, várias organizações fascistas; e, no Japão, o "Exército Vermelho Japonês".

Entre os movimentos étnicos separatistas ou autonomistas no Ocidente, é possível elencar os seguintes: no Canadá, a "Frente de Libertação de Québec", conhecida como "Front de Libération du Québec" (FLQ); na Irlanda, o "Exército Republicano Irlandês (IRA), e, na Espanha, o movimento "Pátria Basca e Liberdade" (ETA); na França, movimentos da Córsega.

Movimentos autonomistas ou separatistas que recorrem ao terrorismo são classificados como movimentos terroristas, embora muitos tenham atuado mais como movimentos guerrilheiros. Na América Latina, na Colômbia, são mencionadas as "Forças Armadas Revolucionárias" da Colômbia (FARCs), sem se esquecer do "Exército de Libertação Nacional"(ELN). No Oriente Médio, tais movimentos incluem o "Partido Democrático do Curdistão Iraniano, bem como a "União Patriótica do Curdistão", na Turquia, onde há também a atuação do "Partido dos Trabalhadores de Curdistão". Não devem ser olvidados os insurgentes chechenos, na Rússia, nem os "Tigres Tamil", no Sri Lanka. Lembre-se ainda do "Movimento Maoísta", no Nepal, e da"Frente Moro de Libertação Nacional", nas Filipinas. Do mesmo modo, pode ser incluída, nessa tipologia, a luta peculiar dos armênios contra os turcos.

No período, também é lembrado o terrorismo estatal nas ditaduras chilena, argentina e brasileira. A sistemática supressão de indígenas na Guatemala. Na África, a atuação das forças na Argélia. O uso do terror na Libéria. As ditaduras na Guiné Equatorial e em Uganda. O morticínio em Serra Leoa. O terror no Burundi, sob o regime dos tutsis. Os massacres em Ruanda e seus impactos no Congo nos confrontos entre tutsis e hutus. No Oriente Médio, o estado de terror implantado pelos turcos em relação aos curdos. O massacre de sunitas pelo regime "alauita" sírio. O sistemático terror do regime "ba'athista" iraquiano contra curdos e xiitas. Na Ásia, os massacres no Camboja. O terror na Revolução Cultural chinesa. O massacre de comunistas na Indonésia. Na América Latina, certamente, as atividades terroristas se iniciaram na década de sessenta, iniciando na Venezuela pelo Movimento da Esquerda Revolucionária (MIR) e na Guatemala. Na Argentina, três movimentos emergiram nos anos setenta: o Exército Revolucionário do povo (ERP), o Forças Armadas de Libertação (FAL) e o Movimento Peronista Montonero. No Uruguai, o Movimento Tupamaros atuou contra alvos bem relacionados, tais como, embaixadas, sedes administrativas, bancos e mídia, apresentando críticas populistas ao governo do país.

Esse cenário mostra que o terrorismo transnacional fez milhares de vítimas pelo mundo, desde 1968, atingindo líderes políticos, embaixadas, figuras públicas, espaços públicos vulneráveis, infraestruturas sensíveis e assim por diante.[66]

Mas, ainda é preciso lembrar-se do terrorismo religioso. Não há nada de novo sobre atividades terroristas com um substrato religioso. "Sikhs" travaram uma guerra religiosa em nome de um ideal nacional contra a união da Índia buscando estabelecer seu próprio "Khalistan", "terra do puro". Membros do movimento ultraortodoxo da tradição religiosa judaica consideram que o judeu que trai seu povo e seu país deve ser morto e não tardou a acontecer com um líder político israelense. Em nome do culto "Aum Shinrikyo", cujo líder se autointitulava líder do "Exército de Deus", houve ataque com um gás tóxico que deixou vitimas no Japão. A seita com suas redes na Austrália, Sri Lanka, Estados Unidos, Rússia e Alemanha reivindicaram que se aproximava o inevitável apocalipse. O fenômeno do radicalismo islâmico militante não é isolado, embora seja um dos mais significativos de todos os movimentos políticos que reivindicam inspiração divina.[67]

O movimento "jihadista", que emergiu nos anos setenta, tem inspiração em uma velha ideologia. Na realidade, seu objetivo é a manipulação de segmentos à margem das sociedades islâmicas. Na direção do

---

66 CHALIAND, Gérard; BLIN, Arnaud. Op. cit., p. 246.
67 CHALIAND, Gérard; BLIN, Arnaud.Op. cit., p. 253.

final dos anos setenta, uma nova geração de radicais islâmicos abraçou a ideologia para justificar o recurso para a violência política transnacional, considerada o único meio de restaurar o califado, uma espécie de simbiose das esferas políticas e religiosas, e de reunificação da comunidade islâmica. Sua mais radical manifestação é o terrorismo "mujahidin", ou seja, o guerreiro no "jihad" menor (combate ou luta pela causa divina). Essa forma de terrorismo, de matriz sunita, é hoje a principal ameaça à comunidade internacional.

Há também duas outras formas de "jihadismo" nos tempos modernos: o movimento xiita do "Partido de Deus" ("Hezbollah") e o movimento palestino do "Hamas" ("Harakatal–Muqawwamaal–Islamiyya" – Movimento Islâmico de Resistência).

A militância xiita eclodiu, simultaneamente, com o estabelecimento da República Islâmica do Irã em 1979. Esse fato refletiu bastante, nos anos oitenta, no poder do "Partido de Deus" ("Hezbollah"), que considera o Líbano um lugar favorável para a violência política.

A militância palestina foi a primeira protagonista na luta contra o sionismo. O "Movimento para Libertação da Palestina" ("Fatah") defende os interesses do povo palestino em sua constante luta contra Israel pelos territórios da Faixa de Gaza, Jerusalém e Cisjordânia. A "Frente Popular para a Libertação da Palestina" (FPLP), com base em ideias nacionalistas, tinha como meta a eliminação de Israel e a defesa dos territórios palestinos, atuando com seu braço armado, "As Brigadas de Abu Ali Mustafa".

O "Movimento para Libertação da Palestina" ("Fatah") é o acrônimo reverso do nome em árabe e significa "começo" ou "vitória". O grupo tem preferência pelo acrônimo reverso, pelo fato de que o normal ficaria "Hafat", cujo significado é morte. O movimento aderiu à "Organização para Libertação da Palestina" (OLP), um grupo formado com a intenção de ser a única representante do povo palestino, reunindo outras facções, entre elas, a "Frente Popular para Libertação da Palestina".

No final dos anos oitenta, o grupo "Jihad Islami" tornou-se o grupo fundamentalista mais ativo nos territórios palestinos. Após seu protagonismo, surgiu o ativismo do "Movimento Islâmico de Resistência" ("Hamas"–Harakatal–Muqawwamaal–Islamiyya"), cuja expressão denota "bravura" em árabe. O grupo possui uma ideologia radical e extremista e tem como propósito o estabelecimento de um Estado Palestino nas áreas que considera que já pertenciam aos palestinos no início do tratado com a Organização das Nações Unidas, em 1947. O movimento não pertence à "Organização para Libertação da Palestina", caracterizando-se, por um "jihadismo" que entende ser a luta contra o Estado de Israel o destino do ovo palestino, formando uma "guerra santa".[68]

De 1970 a 1990, tornou-se costume dividir as organizações terroristas em três categorias: de revolucionários, de identidades baseadas e de manipuladores. O terrorismo manipulador, que se vale de agentes cooptados, grupos de mercenários ou de outras entidades controláveis, é considerado a principal característica de países do Oriente Médio ou do Levante, tais como, Irã, Síria, Iraque e Líbia. O terrorismo radical islâmico, expresso no movimento "jihadista" começou a ganhar potencialidade no contexto do terrorismo contemporâneo. Alguns acreditam que o terrorismo islâmico atual é simplesmente uma nova forma de anti-imperialismo e que ele pode ser classificado como terrorismo revolucionário. Outros entendem esse terrorismo dentro de uma quarta categoria: terrorismo religioso, inspirado no fenômeno de violência política.[69]

Não falta quem diga que a mensagem "jihadista" é muito mais revolucionária do que religiosa. É preciso esclarecer que o termo "islamismo" não se refere à doutrina teológica, mas ao uso político do islã radical. Fundamentalismo islâmico torna-se islamismo quando sua ideologia é usada para impor um estrito modelo de interpretação da "lei islâmica" ("sharia") em uma sociedade ou Estado.

Emprega-se o termo "islamismo político" para descrever as crenças daqueles movimentos que empenham o uso do Islã para reformar a estrutura institucional e o ambiente sociocultural de um particular grupo geopolítico. Usa-se o termo "islamismo radical" quando tentativas são feitas para transformação completa de tal grupo geopolítico. O termo "islamismo ativista" ou "islamismo militante" é utilizado quando movimentos recorrem à violência para alcançar seus objetivos. Por fim, "terrorismo islamista" ou "terrorismo jihadista" é usado para descrever uma nova fase em que "islamistas ativistas" se valem do terrorismo, de

---

68 DEMANT, Peter. *O mundo muçulmano*. 3. ed. São Paulo: Contexto, 2013, p. 273-280.
69 CHALIAND, Gérard; BLIN, Arnaud. Op. cit., p. 257-258.

maneira indiscriminada ou dirigida, para impor suas visões de mundo, ou no contexto de identidades políticas.

Assim, o termo "movimento jihadista" abrange um grupo fragmentado de "islamistas ativistas" que tem optado pelo "jihad" como um meio para um fim e, em uma etapa mais recente, abraçou-o com seu único objetivo. O termo "movimento mujahidin", que é muito próximo em significado do "movimento jihadista", coloca mais ênfase na ação individual da parte de seus seguidores, porém, no contexto do que é para eles uma empreitada sagrada.

De qualquer modo, é preciso vasculhar as origens ideológicas do islamismo radical e seus ramos. Historicamente, o conceito de "jihad" foi desenvolvido em quatro etapas sucessivas.

Durante o período de 610 a 632, com Maomé proclamando os ensinamentos de Islã e liderando seus seguidores, a revelações divinas do Arcanjo Gabriel começaram a receber interpretações mais belicosas. Versículos corânicos foram interpretados de maneira mais beligerante quando, seguindo a partida do Profeta para Medina, foi lançada uma campanha contra pagãos, e ainda contra tribos de judeus e cristãos que se recusavam à submissão islâmica.

Na fase da conquista militar, que durou até o final do século nono, a composição das tradições do Profeta, suas palavras e ações ("hadiths"), deu base para justificar a difusão da religião islâmica e sua missão como guia universal.

Entre os séculos nono e décimo, com a fase da conquista superada, o "jihad" não esteve na ofensiva, mas seu propósito era o fortalecimento da unidade do mundo islâmico e, para tanto, tomou a direção de um "jihad" defensivo, destinado a prevenir o mundo islâmico de infiltrações degenerativas capazes de minar suas bases religiosas, morais e sociais.

Finalmente, no século dezenove, diante de ameaças externas, o mundo árabe-muçulmano, marcado por instabilidades, mais uma vez, voltou-se para princípios fundamentais da religião. O "jihad" passou a defender a comunidade muçulmana ("umma") e a refletir a luta interna dos fiéis contra suas fraquezas. Foi nesse período que se desenvolveu a chamada teoria das "três casas" para o mundo territorial islâmico.

O território islâmico é a "casa do Islã" ("dar al-Islam"). É a "casa da guerra" ("dar al-Harb"). É a "casa do tratado" ("dar al-Sulh).A teoria das "três casas", com sua configuração política, não foi aceita pelo Ocidente, por considerar que trazia pressões islâmicas.

Surgiram as "guerras santas" nas Cruzadas. As batalhas contra os cruzados, vistas como um paralelo histórico com as lutas dos primeiros companheiros do Profeta, estão muito presentes na mitologia do movimento "jihadista" dos tempos contemporâneos.[70] O episódio das Cruzadas traduziu a agressão muçulmana.[71] A militância islâmica foi personificada na figura de Saladino (Salah al-Din), que elaborou um "código de guerra" da bravura árabe.[72]

Alguns consideram os sectários "hashishin" – "os assassinos" – como outra raiz da mitologia "jihadista". A esse grupo não era estranha a violência política. Seus membros estavam completamente preparados para aceitarem o martírio em nome de sua fé islâmica. Entre o décimo primeiro e décimo terceiro século, a seita se desenvolveu dentro da comunidade ismailita, que praticava um tipo de xiismo. Hassan-i-Sabbah, conhecido como "o Velho Homem da Montanha", fundou sua ordem religiosa, chamando-a de "nova doutrina" ("al-dawa al-jadida"), e seus seguidores dividiram-se em três categorias: aqueles que pensam ("talimmiya"), aqueles que querem o sacrifício de suas vidas ("fedayeen") e aqueles que conhecem os mistérios ("batiniya"). Sua seita era temida pela habilidade em realizar assassinatos dirigidos.[73]

No nono século, Ahmad ibn Hanbal, da Síria, tinha fundado uma nova doutrina, o "hanbalismo", uma das maiores escolas de jurisprudência islâmica sunita. Ele levou uma visão fundamentalista da aplicação dos princípios do Islã, insistindo na estrita conformidade com o exemplo dado pelos "salaf", ou seja, "os antigos" de Medina, vale dizer, os primeiros seguidores do Profeta. O "hanbalismo" serviu de base para o surgimento, mais tarde, no século XIX, do "salafismo" ("salafiyya"). Mas, antes, ainda no século XIV, o teólogo Taqi al-Din ibn Taimiyya tomou por base o "hanbalismo" para estabelecer seu pensamento fundamentalista, que inspirou os "wahhabitas", ultratradicionalistas na

---

70 CHALIAND, Gérard; BLIN, Arnaud. Op. cit., p. 268.
71 DEMANT, Peter. Op. cit., p. 54.
72 CHALIAND, Gérard; BLIN, Arnaud. Op. cit., p. 268.
73 CHALIAND, Gérard; BLIN, Arnaud. *Op. Cit.*, p. 269.

península arábica, no século XVIII, uma linha retomada por Sayyid Qutb, um dos principais ideólogos fundamentalistas contemporâneos.[74]

Muhammad ibn Abadal-Wahab levou adiante a linha teológica "taimiyyana" e sustentou o retorno a um Islã purificado de toda sua impureza e restaurado em toda sua rigidez original, rejeitando inovações ilegítimas.[75] O "wahhabismo" encontra-se na gênese do fundamentalismo na Arábia Saudita.

Com a conquista colonial dos países islâmicos pelas potências europeias, valendo-se de seu monopólio científico e tecnológico, muitos muçulmanos começaram a perguntar como o Islã poderia enfrentar os modernos desafios. Eles acreditavam que a salvação seria alcançada pela revitalização da doutrina salafista, dos "ancestrais pios"[76] do Islã. Ela tomou lugar dentro do sistema de restauração de uma nova doutrina de justiça social. As figuras que lideravam esse pensamento eram Jamal Eddinal-Afghani da Pérsia e Muhammad Abduh do Egito. A luta deles era por uma posição anticolonialista. Eles rejeitavam a dominação política e religiosa do Ocidente, e não o Ocidente em si mesmo.[77] Ainda que o mundo islâmico fosse compatível com a modernidade, ele não poderia aceitar todos os seus aspectos.

Não se pode olvidar a influência de Rashid Rida, um sírio que também advogava o modo de pensar de Taqui al-Din ibn Taimiyya. Já no final da vida, ele manifestou o desejo de unir a comunidade muçulmana ("uma") e se tornou um elogiador do "wahhabismo", dizendo que era a escola religiosa mais fiel aos princípios originais das tradições islâmicas ("sunna"), servindo de base para o califado como garantidor do respeito pela vontade divina na sociedade humana.[78]

O radicalismo islâmico, e não o islã, tornou-se uma ideologia política antimoderna, antissecularista e antiocidental. Trata-se de um

---

74 DEMANT, Peter. *Op. Cit.*, p. 48.
75 HOURANI, Albert Habib. *Uma história dos povos árabes*. Trad. de Marcos Santarrita. São Paulo: Companhia das Letras, 1994, p. 262-263.
76 Op. cit., p. 312.
77 CHALIAND, Gérard; BLIN, Arnaud. Op. cit., p. 273.
78 CHALIAND, Gérard; BLIN.Arnaud. *Op. Cit.*, p. 274.

fenômeno recente, cuja forma atual se desenvolveu nas últimas décadas, em reação à modernização globalizante no Oriente Médio em particular.[79]

Na linha sunita, teve por base, mais recentemente, o pensamento do paquistanês Abu al-Ala Mawdudi e do egípcio Sayyid Qutb. Na linha xiita, sua plataforma é o pensamento do iraniano aiatolá Ruhollah Khomeini.

É possível dividir o fundamentalismo islâmico dos tempos recentes em três ondas ou gerações parcialmente sobrepostas.

A primeira onda fundamentalista islâmica, de matriz sunita, é inspirada na chamada "Irmandade Muçulmana" egípcia, também conhecida por "Sociedades de Irmãos Muçulmanos" ou simplesmente "Irmandade", uma organização islâmica radical com atuação em vários países, que pregava a rejeição de qualquer influência ocidental no mundo islâmico. Seu principal ideólogo foi Sayyid Qutb, que recebeu influência do pensador Abu al-Ala Mawdudi (1903–1973), formado na escola ultraconservadora dos deobandis. Cinco princípios marcavam essa onda: a antiapologia, o antiocidentalismo, o literalismo, a politização e o universalismo. Com eles, aspira-se revirar o mundo até o "jihad" sunita islamizar a terra toda. Rejeita-se não apenas o estilo de vida "devasso" da civilização ocidental, mas sua maneira de governar a sociedade. A base desse pensamento fundamentalista insiste no "governo de Deus" (hakimiyyat Allah). Os fiéis de hoje devem ajustar seus pensamentos e suas ações no exemplo dado pelo Profeta e seus companheiros que fixaram a primeira e ideal comunidade muçulmana, diretamente inspirada e orientada pela vontade divina. Nesse sentido, explica-se a importância da "salafiyya", a imitação dos predecessores devotos da primeira geração islâmica. A ideologia de Sayyid Qutb é alinhada à concepção salafista, proferida por Rashid Ridda, e ao ultraconservadorismo deobandi de Abu al-Ala Mawdudi. Mas, Sayyid Qutb também lembra que o mundo está, outra vez, em uma verdadeira "jahiliyya", a era do estado de ignorância de descrença pré-islâmica e com todos seus aspectos religiosos, políticos, econômicos, sociais e culturais negativos. O mundo muçulmano não pode retornar a essa "escuridão". Ela é uma total corrupção e precisa ser enfrentada. Há duas opções para

---

79 DEMANT, Peter. *Op. Cit.*, p.201.

esse enfrentamento: a retirada ou a ação revolucionária. O fundamentalismo de Sayyid Qutb indicou a segunda vertente: o "jihad" sunita. Uma nova "jahiliyya" precisa de um vigoroso movimento de reação. Não basta uma defesa do Islã, nem mesmo uma reforma pacífica de uma sociedade tão infectada. Somente uma revolução pode evitar o retorno da "jahiliyya". É preciso uma militância violenta contra a própria base da sociedade. O compromisso individual absoluto e irreversível com a fé islâmica leva o fiel à ação em prol da transformação islâmica, no serviço a Deus, o fiel é chamado a até mesmo sacrificar sua via, se for necessário, e se tornar "shadidi", testemunha de Deus, isto é, mártir. Sayyid Qutb convoca um "jihad" não apenas contra pagãos, mas contra até mesmo governos muçulmanos considerados ilegítimos, porque não verdadeiramente islâmicos.[80]

Nos anos setenta e oitenta do século XX, o subcontinente indiano e o sudeste asiático, as grandes concentrações sunitas fora do Oriente Médio, ainda permaneciam em certa calmaria. Entretanto, no próprio mundo árabe, as ideias "jihadistas" de Sayyid Qutb e seus seguidores já tinham muitos ecos pela ação de ramos radicais da Irmandade Muçulmana. Síria, Iraque, Jordânia e Líbano experimentaram a primeira onda "jihadista" sunita. Os "irmãos muçulmanos" começaram a conclamar um "Estado islâmico" e decidiram lançar um "jihad", seguindo-se atos terroristas e massacres mútuos.[81]

A segunda onda fundamentalista islâmica, de matriz xiita, operou-se com a revolução iraniana de 1978–1979. Foi a única revolução que promoveu a derrocada de um regime secularista e estabeleceu um regime islamista. Foi uma das maiores revoluções da história. A primeira fase da revolução foi marcada pela derrubada do antigo regime. Uma vez conquistado o poder, o líder da revolução, o aiatolá Ruhollah Khomeini lançou o projeto da futura República Islâmica com a exortação anti-imperialista em termos xiitas.[82] Na visão doravante hegemônica do "mujtahid" (no xiismo, é o especialista religioso qualificado para enunciar interpretações pessoais), Ruhollah Khomeini, "a intoxicação

---

80 DEMANT, Peter. *Op. Cit.*, p.209-212.
81 *Op. Cit.*, p.216-219.
82 DEMANT, Peter. *Op. Cit.*, p.229.

provocada pelas ideias ocidentais representava o maior perigo ao Irã".[83] Para ele, a "ocidentoxicação", um neologismo criado ("gharbzadegi"), era "uma praga que deveria ser extirpada". O islã constituía um projeto de alcance universal. A própria constituição iraniana proclama o objetivo de um Estado pan-islamista e compromete a República Islâmica a apoiar todas as "lutas juntas". E, de fato, o Irã prestou ativo apoio às causas islamistas em que pôde, mandando muitos "pasdaram" ("guardiões revolucionários") ao sul do Líbano para ajudar na luta contra Israel. O Irã também disputou hegemonia com o regime de legitimidade islâmica. Mas, em nenhum outro lugar, o expansionismo revolucionário iraniano foi mais emblemático do que na guerra contra o Iraque. Ruhollah Khomeini viu a guerra como "jihad" para exportar a revolução islamista, insistindo na destruição de Saddam Hussein do governo iraquiano. Um dos últimos atos do líder iraniano foi decretar uma "fatwa", julgamento religioso condenando o autor dos "Versos Satânicos", Salman Rushdie, por prática de blasfêmia, sob argumento de que a "sharia" ("lei islâmica") tinha alcance universal, e fora do território iraniano. Ruhollah Khomeini insistia que o Irã era uma "República Islâmica". A partir de 11 de setembro de 2001, os norte-americanos enquadraram o Irã no chamado "eixo do mal", por prestar apoio a terroristas.[84]

É preciso lembrar que a política libanesa se orientava mais para a "ocidentalização" do que para um Estado Islâmico e tal direção provocou a reação dos fundamentalistas xiitas, incentivados pelo êxito da revolução iraniana. O "Partido de Deus" ("Hezbollah") foi estabelecido por dois islamistas radicais, os xeiques Muhammad Hussein Fadlallah e Hussein Mussawi, apresentando-se como um partido comprometido com a ideia do Estado Islâmico. A projeção do "Partido de Deus" ("Hezbollah") se deu no cenário da ocupação de Israel do sul do Líbano, em 1982. O Líbano foi transformado em um campo de experiências para o 'choque de civilizações', a islâmica, a judaica e a ocidental. O "Partido de Deus" ("Hezbollah") iniciou as primeiras operações de "martírio" que expulsaram norte-americanos do Líbano e, de maneira mais gradativa, os próprios israelenses.[85]

---

83 Op. Cit., p.235.
84 Op. Cit.,p.240.
85 DEMANT, Peter. Op. Cit., p.242.

A Revolução iraniana também despertou um movimento paralelo entre xiitas iraquianos. Atentados terroristas deram ao regime "ba'athista" de Saddam Hussein o pretexto para uma sangrenta retaliação. O principal líder xiita iraquiano, Muhammad BaqrSadr, conduziu o movimento do "Partido do Apelo Islâmico" (Hizbal-Da'watal- Islamiya) e atraiu muitos adeptos para a causa xiita, que contou com a organização do próprio Ruhollah Khomeini, reunindo grupos de mártires da "Da'awa" para efetuarem missões de sabotagem no território iraquiano.[86]

A terceira onda fundamentalistas islâmica, de vertente sunita, marca a época do islamismo contra o islã, entre 1991–2001. Ela pode ser caracterizada por sete amplos movimentos, alguns deles mais, outros menos visíveis. O primeiro é a islamização da política na Argélia, o país mergulhou em um ciclo interminável de terrorismo, tanto por parte de islamistas quanto do Estado. Os islamistas eliminaram progressistas, mas também atacaram civis neutros. A "Frente Islâmica de Salvação" (FIS) foi atuante, liderada por Abassial-Madani e Ali Belhadj, e depois acabou ultrapassada pelos Grupos Islâmicos Armados, formados por argelinos que foram como voluntários para o Afeganistão.[87]

O segundo é a islamização da esfera social. Nesse aspecto, o modelo alternativo fundamentalista islâmico entra em cena em locais com muitas carências, notadamente, em países do Oriente Médio. Populações bastante desassistidas são atendidas por movimentos islamistas. Eles assumem a responsabilidade pelos serviços sociais. Surgem até aposentadorias para familiares de "mártires" ("homens-bomba"). Essa penetração fundamentalista na sociedade civil levou a uma impressionante expansão do apoio popular ao islamismo.[88]

O terceiro é a islamização da cultura. O controle do pensamento integra a problemática da fraqueza da própria sociedade civil no Oriente.

O quarto é a integração internacional do islamismo. Sem qualquer exagero, desde o califado abássida (750–1258), o islã se entende como fé para toda a humanidade.[89] A recente globalização que, nos últimos

---

86 *Op. Cit.*, p.244.
87 *Op. Cit.*, p.255.
88 *Op. Cit.*, p.262.
89 *Op. Cit.*, p.263.

tempos, promove a conexão em redes de sociedades antes separadas, está influenciando profundamente o mundo muçulmano. Um mundo que tem sabido se aproveitar da tecnologia ocidental, não apenas para informação e comunicação, mas também para a propaganda da violência terrorista. As mídias televisivas exibem as ações terroristas. As redes sociais também não ficam atrás. Estão repletas de exibições do terrorismo ao redor do mundo.

O quinto é a abertura de novas frentes do "jihad" fora do núcleo árabe. Conflitos abertos têm sido travados nas fronteiras do mundo islâmico com outras culturas. Fala-se até de cinco "choques do fundamentalismo": com o mundo ortodoxo cristão, em conflitos na Rússia, nos Balcãs e no Mediterrâneo oriental; com o judaísmo na Palestina, onde há confronto não apenas com o Estado de Israel, mas também com o fundamentalismo judeu contemporâneo; com o hinduísmo, nos locais em que a minoria islâmica embate com os hindus; com as minorias cristã, chinesa e outras na Indonésia e no Xinjiang Uygur chinês; e, com os cristãos na Nigéria e no Sudão.[90]

O sexto é a expansão do islamismo nas diásporas muçulmanas no Ocidente. Nos últimos tempos, assiste-se ao crescimento da auto-organização política muçulmana dentro do próprio Ocidente. Embora ainda não tão numerosos e vivendo isolados, os grupos islâmicos, em seus guetos, têm causado enorme preocupação às sociedades ocidentais, dada a enorme capacidade de seus integrantes de promoverem a prática de atentados terroristas contra os ocidentais bem de perto.

O sétimo é o "jihad" internacional da "Al-Qaeda", que significa "A Base", em árabe. Seu nome seguiria seu propósito para com o mundo islâmico e a aplicação do "jihad" contra alvos ocidentais. Com o ataque de onze de setembro de 2001, pela primeira vez, a terceira onda é acompanhada de uma conflagração irregular internacional contra o Ocidente, desencadeada em solo ocidental por islamistas que se utilizam de meios terroristas.[91]

Osama bin Laden fixou a imagem do "guerreiro santo". Referiu-se a Taqi al-Din ibn Taymiyyah em sua declaração "jihadista" contra os

---

90 DEMANT, Peter. *Op. Cit.*, p.268.
91 *Op. Cit.*, p.287.

norte-americanos, dizendo que aterrorizá-los era um dever legítimo a fim de restabelecer a grandeza da comunidade muçulmana ("umma") e libertar os lugares sagrados ocupados. Além disso, o "wahhabismo" e o "qutbismo" forma duas tendências que influenciaram o pensamento dos líderes da organização. Osama bin Laden ainda teve um mentor em seus dias universitários, o palestino Abdullah Azzam, que fora influenciado pelos ensinamentos de Sayyid Qutb e lançou a "jihad" para libertação das terras muçulmanas da ocupação estrangeira como a primeira obrigação após a fé.[92] Com Osama bin Laden começou mesmo uma nova etapa, caracterizada por uma ideologia fanática antiocidental. A "Al-Qaeda" ("A Base"), muito mais do que qualquer outro grupo anterior, enfatizou o aspecto global e profundo da luta islâmica contra o Ocidente. Osama bin Laden considerava que a luta devia ser levada ao coração do inimigo. Esse inimigo não é outro, senão o próprio Ocidente.[93] Em uma "fatwa" (julgamento religioso), publicada ainda em 1998, ele acusou os norte-americanos de três violações contra o islã: ocupação das terras sagradas, apoio à comunidade judaica e o sofrimento infligido aos muçulmanos. Consideradas como um prolongamento das cruzadas, essas violações merecem a morte e obrigam todos os muçulmanos a um "jihad" contra todos os norte-americanos como representantes dos ocidentais. Chegou enfim o "golpe fatal". Em onze de setembro de 2001, membros da organização "Al-Qaeda" ("A Base") lançaram os ataques terroristas contra os principais símbolos do poder econômico, político e militar dos norte-americanos. Os atos de terrorismo suicida acarretaram inúmeros mortos, quase todos civis. Foi o maior morticínio em massa desde as bombas atômicas lançadas contra japoneses na Segunda Guerra Mundial. O "onze de setembro" foi um terrível ataque contra o território norte-americano em quase dois séculos. Ele levou o fundamentalismo islâmico para dentro da "casa norte--americana", atingindo o "coração do Ocidente". Além de sofrimento humano, acarretou enormes danos materiais. Não é à toa que se diz que "ninguém duvida de que o "onze de setembro" se inscreverá nos anais da história como ponto-chave comparável em importância a 1914,

---

92 ATWAN, Abdel Bari. *A história secreta da Al-Qaeda*. Trad. de Emanuel Mendes Rodrigues. São Paulo: Larousse do Brasil, 2008, p. 73-85.
93 DEMANT, Peter. *Op. Cit.*, p.289.

1945 ou 1989."⁹⁴ Como um Heróstrato, o incendiário grego responsável pela destruição de templo de Artêmis, em Éfeso, Osama bin Laden se tornou da noite para o dia um dos homens mais falados no mundo. O desenvolvimento de ideologia da "Al-Qaeda" ("A Base") tem ligação com o egípcio AymanAl-Zawahiri, que tinha pertencido à "Irmandade Muçulmana" e aderido aos ensinamento de Sayyid Qutb, frequentemente mencionado em seus ditados, entre eles, "irmão, vá em frente, porque seu caminho está encharcado de sangue. Não olhe para os lados, mas apenas para cima, para o céu."⁹⁵ De certo modo, Osama bin Laden admitiu a responsabilidade pelo atentado em declarações gravadas em vídeos. O governo norte-americano reagiu com bombardeio da base da organização no Afeganistão. O governo afegão não entregou o "milionário-terrorista de alta tecnologia", ambos unidos por um fundamentalismo. Os norte-americanos perseguiram os seguidores da "Al-Qaeda" ("A Base") e destruíram seus campos de recrutamento e treinamento de "mujahidin" ("aqueles que perpetram, em escala, atos de terrorismo mundo afora")⁹⁶.

A "luta contra o terror" não terminaria com a dispersão da "Al-Qaeda" ("A Base"); apenas mudaria o seu alvo. Em seguida, o governo norte-americano falou da existência de um "eixo do mal", acusando Iraque, Irã e Coreia do Norte de representarem sérias ameaças à segurança ocidental. A ideia de que muçulmanos odeiam a civilização ocidental é equivocada e perigosa. A política externa das potências ocidentais é recusada e eles não estão sozinhos nessa rejeição. Não se pode jamais rotular todos os muçulmanos de terroristas. O terrorismo não é um fenômeno novo nem tampouco uma exclusividade islâmica. Nunca foi e não se pode dizer que o é nos tempos atuais.

De algum modo, diferente de outra época, o século XXI começava a dormir e acordar com o fantasma assombroso do terrorismo ao redor do mundo. Osama bin Laden estava completamente preparado para ser identificado, caçado e eventualmente eliminado, porque ele acreditava que tal sacrifício dispararia uma nova fase de "jihad" menor em massa (combate ou luta pela causa divina).

---

94   *Op. Cit.*, p.290.
95   ATWAN, Abdel Bari. Op. cit., p. 87.
96   Op. cit., p. 87.

Foram estabelecidos três objetivos básicos das futuras operações: infligir os máximos danos ao outro, única linguagem entendida pelo inimigo; concentrar nas ações de martírio, tidas como as mais bem-sucedidas em causar danos aos oponentes; e, escolher bem os alvos, como também os mais eficientes equipamentos para a máxima destruição. Trata-se da transição para a chamada "guerrilha global".[97] Ameaças gravadas em vídeos contra países e periódicas reivindicações de responsabilidades pelos atentados são as formas de aterrorizar o mundo. A coalizão antiterrorista liderada pelo governo norte-americano, chamada de "cruzada do bem contra o mal", uma escolha desastrada, tem sido fortalecida por acordos regionais. No entanto, o movimento "mujahidin" está bem vivo e atuante. Em curto espaço de tempo, o movimento "jihadista" se reposicionou em várias praças. Na realidade, a "Al-Qaeda" ("A Base") tinha franqueado suas atividades depois do "onze de setembro". Não faltariam atentados terroristas por "pequenas células" da organização na região do Magreb (Norte da África), Oriente Médio (Iraque, Síria e Arábia Saudita), na Europa ocidental (Inglaterra, França e Espanha), na Ásia Central, no sul da Ásia, no sudeste da Ásia e na África subsaariana.[98]

Não tardaria para chegar o crescimento do poder de grupos "jihadistas" locais e regionais independentes. E não demoraria em aumentar a preocupação com eventuais ataques terroristas com armas químicas, biológicas, radiológicas e nucleares. Além disso, não faltaria o terrorismo marítimo, baseado na ideia de ataques em "estilo pirata" a embarcações e portos, capaz de trazer impactos que afetam as relações comerciais entre os países. Não se trata de uma "pirataria" dos velhos tempos que está de volta, mas uma ação "jihadista" nas águas oceânicas, tal como ensina o manual de treinamento específico para ela, o denominado "Mujahidin ki lalkaar", que dedica um capítulo próprio para orientar a sua operacionalidade. De alguma maneira, o movimento "mujahidin" continua a disseminar suas ameaças e suas "células hibernadas" e seus "lobos solitários", talvez melhor denominados de "ratos solitários", espalhados pelo mundo, estão prontos para despertarem a qualquer momento em algum canto do globo. É assim que se tem falado

---

97 CHALIAND, Gérard; BLIN.Arnaud. Op. cit., p. 332.
98 CHALIAND, Gérard; BLIN, Arnaud.Op. cit., p. 336-348.

do futuro do movimento islamista "jihadista".⁹⁹ A ideologia do "jihad" global, advogada pela rede "Al-Qaeda" ("A Base"), ganhou projeção e penetrou em muitos grupos ainda em franca ação ao redor do mundo.

A organização "Jama'atal-Tawhid" wal-Jihaduma", "Estado Islâmico do Iraque e Levante" (EIIL), "Estado Islâmico do Iraque e da Síria" (ISIS), "Daesh" ou "Al-Dawla al-Islamyia", ou, simplesmente, "Estado Islâmico" (EI), de base iraquiana, busca fundar um novo califado islâmico, unificando povos muçulmanos e combatendo os ideais ocidentais. Seus militantes, recrutados de todos os lugares, até pela via das redes sociais, combinam fanatismo religioso, *expertise* militar e propagandismo midiático de suas ações, tornando-se especialista em estimular o medo.¹⁰⁰ O "Estado Islâmico" (EI) tem sido exponencial em manifestar seu movimento "jihadista" em termos históricos mundiais, prometendo tanto a morte como o retorno às glórias islâmicas. Milhares se enfileiram e aderem ao seu lema de que o "exército do terror" está com eles indefinidamente.¹⁰¹ Não é por outra razão que se fala da "fênix islamista" e a formação de um "superterrorista" com o Estado Islâmico (EI).¹⁰²

A organização "Jabhatal-Nusra", também conhecida como "Frente al-Nusra" ou "Frente de Suporte para o Povo da Síria, que teria sido formada por um integrante do "Estado Islâmico" (EI), Abu Muhammad al-Julani", tem o propósito de estabelecer um estado islamista na Síria, incluindo membros que viram na guerra civil do país uma oportunidade para ganhar espaço político e social, impondo regras religiosas rigorosas da "sharia" ("lei islâmica") dentro de uma ideologia salafista. A organização segue os preceitos fundamentais de grupos terroristas que se utilizam do extremismo e da violência como forma de atingir seus objetivos, causando muitos danos no território sírio.

---

99 *Op. Cit.*, p. 361.
100 COCKBURN, Patrick. *A origem do Estado Islâmico: o fracasso da guerra ao terror e a ascensão jihadista.* Trad. de Antônio Martins. São Paulo: Autonomia Literária, 2015, p. 31-35.
101 WEISS, Michael; HASSAN, Hassan. *Estado Islâmico: desvendando o exército do terror.* Trad. de Jorge Ritter. São Paulo: Seoman, 2015, p. 220.
102 NAPOLEONI, Loretta. *A Fênix Islamista: o Estado Islâmico e a reconfiguração do Oriente Médio.* Trad. de Milton Chaves de Almeida. Rio de Janeiro: Bertrand Brasil, 2015, p.79-82.

A organização "Khorasan" é apontada por preparar ataques no exterior, acreditando-se que seja uma facção liderada por Mushinal-Fadhhli, um antigo companheiro de Osama bin Laden. Alguns dizem que se trata de uma unidade avançada da própria "Frente al-Nusra" nos combates travados no território sírio.

O grupo Talibã ("Talebã", "Taliban" ou "Taleban"), que significa "estudantes", segue com seu objetivo "jihadista" de retomada do poder afegão e paquistanês, promovendo sucessivos ataques e atentados terroristas contra civis e militares. O grupo se baseia na linha islâmica sunita deobandi e considera a educação nos moldes ocidentais uma devassidão, opondo-se a essa aculturação no mundo muçulmano.

O grupo "Jemaah Islamiyah" é tido como atuante no sudeste da Ásia, organizando atentados na Indonésia, Malásia, Filipinas, Cingapura e Brunei, onde tem suas células ativas para desestabilizar governos e implantar a "sharia" ("lei islâmica"), adotando o formato de rede transnacional.

O "Movimento do Jovem Guerreiro", conhecido geralmente com "Al-Shabaab" ("A Juventude"), ou ainda, "Hizbul Shabaab", é tido como um grupo terrorista fundamentalista islâmico com atuação no sul da Somália, na África. O grupo atua com ataques terroristas, com células armadas na capital e por outras áreas do país, confrontando-se com as forças governamentais.

Ainda na África, na Nigéria, o grupo terrorista "Boko Haram", que significa "A Educação não islâmica é pecado", busca fundar um estado islamista e acabar com as influências ocidentais no país. A organização teria firmado uma aliança com o grupo terrorista "Estado Islâmico", espalhando o terror por meio de sequestros e execuções de oponentes, entendidos como todos aqueles que se colocam como transgressores dos ensinamentos da "sharia" ("lei islâmica").

O novo terrorismo é a "caixa de Pandora" que está outra vez aberta e se esparrama pelo mundo, perpetrado por grupos de nacionalistas e radicais, buscando mudanças políticas, ou, por pequenos aglomerados de onde saem fanáticos dispostos a retaliação e destruição.[103] Circula

---

103 LAQUEUR, Walter. *The New Terrorism: fanaticism and the arms of mass destruction.* Oxford: Oxford University Press, 1999, p. 4-5.

na rede social o "Manual da Selvageria", de Abu BakrNaji, propagando o "jihad" como o caminho e morte pela causa divina como um desejo nobilíssimo. Não é só o que está à disposição para acesso de qualquer um. Está também ao alcance de todos o "Guia de segurança e garantia do lobo solitário mujahidin e de pequenas células ", de Abu Ubayada Abdullah al-Adm", em que o martírio "jihadista" é apresentado como uma grande honra e uma benção, exaltando-se todo esforço individual para a vitória islâmica.

Não é de surpreender que, depois do "onze de setembro", até os dias atuais, em algum lugar do mundo, um atentado terrorista, sem nenhuma cerimônia, choca as mais diversas populações, levando-lhes pânico momentâneo e pavor a todo instante. Em 2002, Indonésia, Estados Unidos, Rússia e Tunísia foram cenários de atentados. Em 2004, Indonésia, Rússia e Espanha não escaparam de ataques. Em 2005, a Inglaterra foi alvejada. Em 2006, Argélia, Inglaterra e Paquistão foram atacados. Em 2008, foi a vez de a Indonésia ser atingida. Em 2009, Somália, Indonésia e Paquistão foram afetados. Em 2010, Angola, Suécia, Iraque, Uganda e Rússia foram os países alvejados. Em 2011, a mira terrorista se voltou para o Egito, Marrocos, Nigéria e Noruega. Em 2012, mais um ataque nos Estados Unidos. Em 2013, Rússia, Estados Unidos, Nigéria e Quênia foram os focos dos ataques. Em 2014, os palcos foram Paquistão e Austrália. Em 2015, os quadrantes atingidos foram Turquia, Mali, Tunísia, Quênia, França, Dinamarca, Estados Unidos, Kwait, Líbano e Nigéria.

O tempo não para e o terrorismo não parece nem um pouco disposto a dar tréguas a nenhum lugar. No ano em curso, 2016, Turquia, Burkina Faso, Paquistão, Bélgica, França, Indonésia. Estados Unidos, Alemanha, Afeganistão e Iraque, até agora, tornaram-se os alvos dos atentados terroristas. Às vésperas de um dos maiores eventos de congraçamento dos povos, os "Jogos Olímpicos", o Brasil não ficou imune à formação de um grupo de indivíduos, supostamente amadores, que foram surpreendidos em atos preparatórios para a realização de um possível atentado terrorista.

O século XXI está passando pela tormentosa experiência de perceber que o terrorismo funciona e que não pode ser lido apenas como instrumento dos fracos contra os poderosos, porque há também o dos poderosos contra os fracos, embora nem sempre lembrado.[104] O terror ganhou dimensão global. Tornou-se transnacional. Não poupa ninguém. O terrorismo segue como a "velha espada" sacada da bainha, e não mais guardada – como a lição exemplar advertia –[105], tornando-se não só o ferro que fere, mas também o ferro com o qual se é ferido, deixando sinais de horror nos mais diversos cantos do mundo.

Entendido o terrorismo como a violência praticada por grupos que estabelecem seus próprios fins e buscam alcançá-los por meio da utilização perversa da morte e destruição, pode-se dizer que ele tem profundas raízes históricas e desses antecedentes de ontem não se distingue em essência nos dias de hoje. Apenas podem ser acrescentadas, atualmente, algumas características próprias que podem ser alinhadas em quatro vertentes.

A primeira aponta para certa fragilidade da motivação política, sobretudo evidenciado em grupos ligados a radicalismos ideológicos que, no mundo atual, levam adiante uma "cruzada" sem verdadeiro sentido, baseada em deturpações conceituais, utopias confusas, revoltas turvas geradas por frustrações ou não adaptações pessoais.

A segunda sugere a amoralidade dos movimentos terroristas, que não hesitam em sacrificar qualquer um, de maneira indiscriminada, com o obsessivo propósito de causar o maior impacto possível na opinião pública, e que consideram ser tudo possível no mundo atual, porque não há mais inocentes.

A terceira se refere à internacionalização e à sua escalada crescente, abrangendo a colaboração direta entre movimentos terroristas e diversos países, conjugando agentes ou meios na preparação ou na execução de um crime, ou, facilitando a ação no exterior, bem como a colaboração de Estados nacionais, proporcionando dinheiro, armas, refúgios e treinamentos, com facilitação do encontro e da cooperação entre determinados movimentos terroristas de diversos países, e ainda a formação de verdadeiras redes transfronteiriças de apoio e coordenação de diversos grupos terroristas ligados a uma determinada motivação.

---

104 CHOMSKY, Noam. *Poder e terrorismo*. Trad. de Vera Ribeiro. Rio de Janeiro: Record, 2005, p. 7.

105 BÍBLIA. Português. *Bíblia de Jerusalém*. Trad. de Theodoro Henrique Maurer Jr. São Paulo: Paulinas, 2006, p. 1753.

A quarta é a frequente e ampla ligação de muitos grupos terroristas ao crime organizado, desde o tráfico de drogas e armas até a extorsão sistemática de contribuições pecuniárias para arrecadação de fundos destinados financiamento das ações pelo mundo.

É sobre esse modelo de terrorismo que, atualmente, se reconhece uma evolução nos últimos tempos. Tem sido feito um esforço considerável para se traçar, no mundo contemporâneo, quatro marcos das ações terroristas ao redor do globo: o primeiro envolve o período dos anos sessenta até finais dos anos oitenta; o segundo diz respeito à transição na primeira metade dos anos noventa; o terceiro se refere ao onze de setembro de 2001; e, o quarto é marcado por aquilo que se tem chamado de "pós-onze de setembro de 2001".

No primeiro marco, o moderno terrorismo internacional praticado pelo assim chamado terrorismo privado ou autônomo só assumiu proporções ameaçadoras às comunidades globais a partir de finais dos anos sessenta do século XX. Desde então, até finais dos anos oitenta, manteve um aumento irregular, mas sem perder certa constância, caracterizando-se pela criatividade de grupos e movimentos de linha laica e nacionalista, ou ideológica de esquerda, mais ou menos anarquistas, maoístas ou trotskistas, ou, ainda, de inclinação à direita. No entanto, a partir da revolução iraniana e da invasão soviética em terras afegãs, diversos grupos terroristas do islamismo foram surgindo e, de maneira progressiva, passaram a exercer forte influência no âmbito do terrorismo internacional.

No segundo marco, a transição para a primeira metade dos anos noventa, houve uma tomada de consciência de que o terrorismo transnacional representava uma perigosa ameaça para forma de vida das democracias liberais. Elas começam um enfrentamento contra essa ameaça, tanto no interior de cada país, quanto na busca de maior cooperação entre eles. Por outro lado, a retirada soviética do território afegão e o desmoronamento do regime socialista soviético levaram a uma profunda alteração na configuração do terrorismo transnacional ocorrida entre os últimos anos da década de oitenta e meados dos anos noventa. Os grupos de terrorismo ideológico anarquista ou socialista entraram em progressiva diminuição de suas atividades, desde meados dos anos oitenta, na medida em que deixaram de contar com o suporte dos regimes políticos do bloco da cortina de ferro. Eles sofreram intenso e eficaz enfrentamento dos governos democráticos ocidentais e quase desapareceram a partir dos anos noventa. Os grupos laicos de terrorismo nacionalista também apresentaram uma atuação bastante diminuída no cenário mundial. Assim cooperação internacional, mudanças de posturas governamentais e trabalhos junto à opinião pública contribuíram para uma diminuição do terrorismo internacional praticado por grupos terroristas ideológicos e nacionalistas laicos. No entanto, os chamados guerreiros "jihadistas" ("mujahidin") de países islâmicos e da diáspora islâmica, combatentes voluntários contra forças soviéticas em terras afegãs, receberam treinamento e experiência operacional de guerrilha e de terrorismo. Quando regressaram aos seus países de origem, fundaram grupos terroristas ou reforçaram outros já existentes, quase todos de matriz sunita, alguns dos quais se tornaram muito ativos, desde o início da década dos anos noventa, praticando ações terrorista no continente africano e asiático, com o propósito de substituir os governos instalados por regimes islamistas. Iniciam-se apelos à "guerra santa", havendo uma invocação religiosa em todos os conflitos em que islâmicos se encontram envolvidos, dando-se um papel cada vez mais relevante ao fundamentalismo religioso nos grupos insurgentes islâmicos, tanto entre os puramente terroristas, quanto entre os guerrilheiro-terroristas, em muitas contendas já antigas. Embora crescente em número e atividade, nesse período, os terrorismos religiosos estão voltados, sobretudo, para o interior dos conflitos nacionais, não atingindo, na ação externa, o protagonismo necessário à reposição dos níveis que o terrorismo internacional tinha atingido, no seu todo, em meados dos anos oitenta. Pode-se dizer que o período em tela marca uma transição, devido ao enfraquecimento dos terrorismos ideológicos, e até dos nacionalistas laicos, mas não se deixa de assistir ao progressivo fortalecimento dos terrorismos religiosos, baseados no fundamentalismo islâmico. Desde os anos noventa, eles passariam a dominar a cena mundial e iriam introduzir um sensível acréscimo de letalidade com seus atentados nos lugares em que deixaram rastros de sua presença.

No terceiro marco, durante os anos noventa, a "Al-Qaeda" ("A Base"), progressivamente, foi se impondo no papel de centro de impulsão e coordenação do terrorismo internacional, surgindo como a primeira instituição privada clandestina capaz de apoiar e patrocinar grupos terroristas e com grande capacidade de se esquivar das medidas de coação dos Estados nacionais e da própria Comunidade Internacional. Essa rede terrorista tem um projeto bastante ambicioso, quase utópico, de caráter geopolítico, que pretende a reunião de todo o mundo islâmico da "umma" (comunidade mundial de todos os muçulmanos) em uma entidade político-religiosa sob a "sharia" (lei islâmica), tal como já ocorrera em tempos passados com a formação de "califados". Depois de ter sido responsável por alguns dos emblemáticos ataques terroristas contra alvos norte-americanos, organização terrorista "Al-Qaeda" ("A Base") realizou o ataque do "onze de setembro", em território norte-americano, mediante o desvio de aeronaves civis de passageiros, utilizadas como "projéteis dirigidos" contra os alvos.

No quarto marco, após o "onze de setembro de 2001", surge uma espécie de "Estado virtual", ou seja, uma miríade de organizações com algumas das capacidades de um "Estado real", vale dizer, mobilizar, equipar, treinar inúmeros militantes para atuarem como "lobos ou ratos solitários" ou, ainda, em pequenas células, nos mais diversos lugares, obter recursos materiais, dominar amplas redes de comunicação, organizar serviços de informação, de logística e de apoios sociais básicos para populações sob seu controle ou meros simpatizantes.

Todo esse périplo histórico possibilita enxergar o terrorismo, basicamente, em três modos diferentes, sob três ângulos distintos. O primeiro mostra que o terrorismo tornou-se uma estratégia de manifestação de poder, com suas táticas próprias para executar seus propósitos ideológicos. O segundo traz a nítida realidade de que o terrorismo é uma manifestação de violência, com seus contornos simbólicos, que tem o objetivo de provocar pânico nos grupos sociais atingidos. O terceiro deixa entrever que ele é um verdadeiro construto cultural presente nas mais diversas sociedades ao longo dos tempos.[106]

O percurso histórico revela que o terrorismo instala um sistema coercivo de intimidação, além de apresentar como característica fundamental ser um fenômeno planejado, calculado e sistemático.[107]

---

106 LAW, Randall D. *Terrorism: a history*. Cambridge: Polity Press, 2009, p. 3.
107 HOFFMAN, Bruce. *Inside terrorism*. New York: Columbia Press University, 2006, p. 3.

1.7 – A LEITURA DA POLÍTICA CRIMINAL

Um dos desafios contemporâneos é a recuperação da política, entendida como o governo para o bem comum, com uma visão ampla e de conjunto. A política tem de cuidar do conjunto de realidades e da teia de relações. Essa recuperação passa pela superação da politicagem cínica, mas não apenas por ela. Ainda é preciso transpor os obstáculos da política corrupta, sempre disposta a manter suas aparências com ares de seriedade. Não passa de jogo de cena. É urgente estar alerta para essa corrupção e se esforçar para compreendê-la como fato, fenômeno e vício. A percepção da política corrupta não pode ficar circunscrita apenas a uma sucessão de fatos noticiados no cotidiano, mas também deve ser entendida como acomodação a um estado de vida que, por falta de consciência limpa e coração puro, não é mais apta a tratar das mais relevantes questões que importam a todos.[108] Obviamente, a política criminal não está imune a essas deturpações, mas ela precisa também ser capaz de se depurar e não perder de vista a necessidade de seu engajamento, com a excelência intelectual e moral, em um esforço contínuo de estabelecer uma base mais promissora para uma sociedade mais justa,[109] sem deixar se render a uma ideologização bestial e desqualificada para cuidar dos assuntos mais prioritários para a vida coletiva.

Parece inegável que o crime organizado é um desses assuntos, no mundo atual, inescapável a todos os segmentos da sociedade contemporânea. De alguma maneira, direta ou indiretamente, ele afeta a vida de toda a coletividade. O crime organizado nacional não poupa a sociedade como um todo de seus mais perversos efeitos. O crime organizado transnacional potencializa esses efeitos nocivos em escala global. Nenhum lugar passa ao largo de suas engenhosas teias e seus poderosos tentáculos.

Uma política criminal bem situada não pode perder de vista que o crime organizado, nacional e transnacional, estabelece um elo que conecta determinadas realidades étnico-culturais com certas formas de organizações ilícitas. Essa conexão pode ser lida em três perspectivas fundamentais: a política, a econômica e social. Na política, identifica-se

---

108 SANDEL, Michael J. *O que o dinheiro não compra: os limites morais do mercado.* Trad. de Clóvis Marques. Rio de Janeiro: Civilização Brasileira, 2012, p. 19.
109 SANDEL, Michael J. *Justiça: o que é fazer a coisa certa.* Trad. de Heloísa Matias e Maria Alice Máximo. Rio de Janeiro: Civilização Brasileira, 2011, p. 13-15.

o desenvolvimento do crime organizado como resultado de um Estado fragilizado, incapaz de garantir a lei e a ordem, diante do baixo grau de credibilidade da representação institucional. Na econômica, encontra-se a aquecida demanda de mercado por bens e serviços ilícitos, não podendo se deixar de considerar o nível de logística bem arranjada que as organizações criminosas são capazes de estabelecer no mundo, assegurando todo esse abastecimento de uma "forma bem inteligente". No social, observa-se o campo fértil para o desenvolvimento da criminalidade organizada, na medida em que ela traz a ideia de formação de redes de criminosos como integrantes de um sistema social que se caracteriza pela existência de fortes vínculos entre os participantes das atividades ilícitas.

Essas três perspectivas também podem ser lidas por outro prisma. Não é difícil enxergar nas ações criminosas organizadas, nacionais ou transnacionais, um aspecto paramilitar, capitalístico e etnocêntrico. Pelo primeiro, percebe-se que elas se utilizam da violência como meio para alcançarem seus objetivos ilícitos, estabelecendo uma relação baseada no comando e na obediência, seguindo uma rígida hierarquia. Pelo segundo, pode-se notar que tais ações são estruturadas de acordo com os parâmetros de maximização dos lucros e de controle orgânico dos fluxos das atividades, seguindo o modelo empresarial. Pelo terceiro, verifica-se nas ações criminosas um arranjo de relações com base no grau de parentesco e na origem dos seus participantes.

Para o enfrentamento do crime organizado, nacional e transnacional, já não se concebe mais seguir a linha torta de uma política criminal ideologizada, porque ela acaba sendo míope e canhestra. Ela precisa ser científica, e não se trata de uma cientificidade simplista, haja vista a enorme complexidade desse fenômeno criminoso. Para entender um pouco melhor essa complexidade, é preciso uma clara identificação dos seguintes elementos: hierarquia, redes e mercado. A hierarquia traz o modelo mais elementar das manifestações tradicionais do crime organizado, sob a perspectiva étnica. As redes mostram as teias que se formam e articulam as relações intersubjetivas subterrâneas dos agentes. O mercado envolve o fluxo global de bens e serviços ilícitos que se desenvolve como uma poderosa economia informal.

Não é tão difícil perceber, agora, que a tríade política, econômica e social guarda certa correspondência com a tríplice perspectiva paramilitar, capitalística e etnocêntrica, e ambas se complementam com o tripé da hierarquia, das redes e do mercado.

A interação entre o terrorismo e o crime organizado, nacional e transnacional, tem se tornado, de maneira progressiva, bem mais complexa e profunda. As relações entre grupos terroristas e crime organizado, há tempos, deixou de ser apenas uma aproximação por "afinidades românticas", haja vista que os grupos terroristas necessitam de algum tipo de suporte para suas ações. Não se coloca em dúvida de que o crime e o terror se entrelaçam na formação logística de uma estrutura operacional mais eficiente, para atuação nos mais diversos confins do mundo. O vínculo entre o crime e o terror foi identificado outrora através de pequenos laços cooperativos. Entretanto, no mundo globalizado atual, já não se imagina que esse estreitamento entre ambos fique longe do pesado jogo de poderosos interesses econômicos e financeiros escusos, o que passou a exigir que se trate do terrorismo como um perigo real às instituições estatais e à segurança coletiva.

Tem sido um enorme desfio à política criminal de base científica elaborar medidas preventivas e repressivas ao crime organizado nacional e transnacional. Não há dúvida, inclusive, de que um ou outro esquema de crime organizado nacional possa ganhar a extensão de crime organizado transnacional, especialmente, como manifestação criminosa que ignora as fronteiras dos países e detém um imenso poder estratégico e enorme estrutura organizativa, valendo-se dos meios instrumentais da alta tecnologia e dos vultosos recursos financeiros, capaz de se aproveitar das fragilidades dos sistemas legislativos estatais e de provocar um profundo dano social por todos os lados.

Os pontos de contato entre o crime organizado transnacional e o terrorismo, mais especificamente, podem ser percebidos, de forma mais nítida, através da identificação de alguns elementos bastante característicos desse tipo de ilícito transfronteiriço: estruturação das redes transnacionais com graus de distribuição hierárquica, objetivando a proteção das lideranças; compartimentação em células operacionais, com informações controladas por núcleos de inteligência, para manter o seu sigilo necessário, com as atividades mais perigosas desenvolvidas nas bordas das organizações por membros dotados de certa autonomia; planejamento estratégico específico, com análise detalhada das informações coletadas, buscando o desenvolvimento das operações; aprendizagem com a experiência e com as organizações estatais, adaptando suas estratégias e práticas com as informações obtidas.

A política criminal ainda tem certa dificuldade para estabelecer uma definição completa e suficiente de terrorismo. Trata-se de uma das questões controvertidas do debate contemporâneo, inclusive, na ótica das relações internacionais, sobretudo, em função do peso ideológico e político que o terrorismo traz em si mesmo. Contudo, essa dificuldade não exime a responsabilidade de se tentar encontrar algumas características do fenômeno, especialmente, em função da análise do crime organizado transnacional.

Ainda em 1937, a Liga das Nações buscou uma definição internacional para terrorismo, estabelecendo que o terrorismo compreendesse todos os atos dirigidos contra um Estado e destinados ou calculados para criar terror nas mentes das pessoas ou de um grupo particular de pessoas ou do público em geral. Em 1999, a Organização das Nações Unidas manifestou-se no sentido de que eram condenáveis todos os atos, métodos e práticas de terrorismo como atos criminosos e injustificáveis, onde e por quem tiver cometido, reiterando os termos anteriores propostos pela Liga das Nações e acrescentando que não podiam ser invocadas quaisquer considerações de natureza política, filosófica, ideológica, racial, étnica, religiosa ou de outra natureza para justificá-los. Os países membros promoveram amplos debates, sinalizando para a necessidade de realização de um estudo amplo com a compilação dos diversos protocolos e convenções para se chegar a uma precisa definição. No ano de 2004, um relatório do Conselho de Segurança da Organização das Nações Unidas manteve a tendência do amplo debate e descreveu o terrorismo como qualquer ato destinado à morte ou danos corporais graves a civis ou não combatentes com a finalidade de intimidar uma população ou obrigar um governo ou uma organização internacional a fazer ou abster de fazer algo. União Europeia e Organização dos Estados Americanos, como blocos regionais, em linhas gerais, tendem a seguir essas características traçadas pelos organismos internacionais.

De qualquer modo, a política criminal ainda fica titubeante, sobretudo, quando tem de enfrentar uma criminalidade mobilizada pela pluralidade de agentes, dos mais diversos segmentos da sociedade, albergados em uma estrutura organizacional ou em um aparato organizado de poder, tendo que considerar uma série de elementos que despontam como fatores combinados nas ações terroristas, quais sejam, o uso da violência ou grave ameaça, praticado por um grupo organizado, com objetivos ideológicos ou políticos, contra alvos não combatidos, recaindo sobre civis inocentes, de modo que atinja a opinião pública e desestabilize o poder estatal. Além disso, também deixa a política criminal aflita o fato de a transnacionalização do crime organizado ter propiciado aos grupos terroristas a possibilidade de estabelecerem vínculos associativos com as atividades ilícitas e com os mercados ilícitos, através de uma estratégia de associação em redes com grupos insurgentes e milícias que fornecem suporte para suas atividades. Tais alianças são vias de mão dupla. Por um lado, o crime organizado transnacional se beneficia do respaldo dado pelo poder paramilitar dos grupos terroristas. Por outro, os terroristas necessitam dos recursos para financiamento de sua causa. Essa correlação é permeada por uma gama de práticas criminosas a varejo que ajudam a estreitar os laços sociais e econômicos que aproximam os dois lados. A aliança estratégica entre o terrorismo e o crime organizado transnacional é uma realidade presente no mundo globalizado contemporâneo. Os grupos terroristas têm se aperfeiçoado em práticas criminosas bem sucedidas. Malsucedidas têm sido as medidas para enfrentar, com eficiência e eficácia, essas ações apavorantes, nos mais diversos lugares no mundo.

Em política criminal, propostas de soluções fáceis para questões complexas não são capazes de esconder suas fragilidades, seus engodos e suas dissimulações, especialmente, quando são questionadas em termos de efetividade.

Um desafio real e complexo como o terrorismo global requer diagnóstico preciso e prognóstico seguro de medidas que tenham um efeito presente-futuro capaz de modificar determinada realidade, não se admitindo visões míopes sobre a engenhosidade perniciosa desse fenômeno criminoso de várias cabeças e muitos tentáculos.

Já passou da hora de ser menos ideológico e tratar do assunto com um pouco mais de boa dose de racionalidade em termos de política criminal. A visão ideológica sempre vem carregada de um discurso que não compreende bem a realidade, mas impulsiona os ouvintes a substituírem uma realidade que compreenderam bem mal por outra sobre a qual não compreenderam absolutamente nada. A proposta ideológica traz uma fala forte de alguém que, partindo de uma falsa percepção do presente, atrai massas para a construção de um futuro que, depois de consumado, torna-se "feio demais para que suportem reconhecer nele a obra de suas mãos."[110] Quando se opta por mentira total, o que se segue é a corrente ideológica. É inacreditável que ainda haja certas "ideias" que persuadem não pela racionalidade, mas pela insensatez elevada à sua maior potência, que é a estupidez em si mesma. No reino do fingimento, fica bastante complicado distinguir o real do ilusório, o provável do improvável, o verossímil do inverossímil, porque nem o mais reluzente raio solar é capaz de iluminar. Não é por outra razão que uma das passagens mais brilhantes do Evangelho poderia ser relembrada em tempos tão difíceis de falar e ouvir a verdade. É aquela em que Jesus simplesmente diz: "Tenho falado francamente ao mundo".[111] A franqueza pública precisa, urgentemente, recobrar seu espaço na sociedade da "consciência plastificada". É imperioso seu retorno a uma "sociedade alienada" em que qualquer fala cretina lançada ao ar, sem o menor fundamento, arroga-se a excelência intelectual de ser uma "argumentação sólida, séria e suficiente" sobre um assunto de enorme interesse coletivo.

É emergencial não se seduzir por uma política criminal orientada por um grupo de imbecis coletivos, prontos a intoxicarem a mente alheia com os seus mais arrogantes e absurdos discursos estridentes sobre algo, embora não estejam dispostos a parar e pensar por alguns instantes. É o grupo dos verborrágicos que se arvora a traçar os destinos de uma política criminal recheada de desvios, distorções e desatinos irracionais. Esse grupo não parece inclinado a silenciar e não se sente impulsionada a ouvir. É mesmo assim: tolos falam muito, estúpidos ouvem pouco.

Espera-se que a política criminal não fique contaminada por esse movimento pendular entre a tolice e a estupidez. Para tanto, é preciso devolver à política criminal o pensar. O pensamento pressupõe um

---

110 CARVALHO, Olavo de. *O mínimo que você precisa saber para não ser um idiota*. 3. ed. Rio de Janeiro: Record, 2013, p. 408.
111 BÍBLIA. Português. *Bíblia de Jerusalém*. Trad. de Samuel Martins Barbosa *et al*. São Paulo: Paulinas, 2006, p. 1889.

distanciamento para enxergar mais adiante e, ao mesmo tempo, uma aproximação para ver mais de perto o sentido profundo das realidades. Só é possível oferecer alguma resistência ao mal quando não se é arrastado pela superficialidade da percepção recortada e rasa do mundo em que se vive. Não há dúvida de que o pensar é perigoso.[112] Assumir esse perigo, no entanto, é menos perigoso do que não pensar. O pensar permite não ficar trancafiado em realidades superficiais. Mais do que isso, não permite fugir de responsabilidades por ações bem ou mal pensadas. É certo que a política criminal não pode prescindir de pensamento e ação. Sem a pretensão de esgotar a reflexão, há pelo menos três nortes fundamentais para uma política criminal inteligente para o severo problema do terrorismo transnacional: a noção de redes, o conceito de segurança e a estrutura do crime organizado.

A noção de redes[113] pressupõe dar um passo adiante no apego à visão de estrutura rígida que, por muito tempo, dominou o assunto em torno das organizações criminosas nacionais e internacionais. Atualmente, fala-se de atores articulados em redes, incluindo-se nessa linha os agentes transnacionais, identificando-os como terroristas, organizações criminosas e grupos de ativistas que seguem uma linha de comando descentralizada e flexível. Os estudos apontam para três tipos de redes nas estruturas organizacionais: rede em cadeia, rede em estrela e redes em canais. Na primeira, nota-se uma linha de comando em que as decisões caminham do começo ao fim da organização, passando por nós na extensão da rede para fortalecer as suas relações. Na segunda, os diversos atores encontram-se ligados a um comando central, embora não existam necessariamente vínculos hierárquicos, e as decisões caminham através de um nó central. Na terceira, cada ator é capaz de se comunicar plenamente com outros atores em rede. Desse modo, a forma de organização engessada sofre abrandamento e novos arranjos buscam dificultar a identificação de seus líderes e dos centros de comandos. A mudança na forma de atuação decorre, basicamente, de dois fatores

---

112 ARENDT, Hannah. *A vida do espírito: o pensar, o querer e o julgar.* Trad. de Antonil Abranches, César Augusto R. de Almeida e Helena Martins. 2. ed. Rio de Janeiro: Relume-Darumã, 1993, p.11-13.

113 CASTELLS, Manuel. *A sociedade em rede.* Trad. de Roneide Venancio Majer. São Paulo: Paz e Terra, 1999, p. 7.

principais: a globalização e sua força para gerar crescimento dos fluxos transnacionais de pessoas, bens e capitais no final do século XX; e, o enfraquecimento do poder estatal, representado pela incapacidade das instituições darem resposta efetiva para as ações desestabilizadoras da segurança coletiva. A globalização trazida para reflexão é aquela que se apresenta como um fenômeno capaz de gerar e desenvolver fluxos dinâmicos das comunicações e no intercâmbio das informações, com movimentação frenética de pessoas, bens e serviços, e não como homogeneização de costumes. O enfraquecimento do poder estatal é identificado como é efetuado o controle do fluxo de pessoas, bens e serviços, e na dificuldade de se estabelecer um conjunto de medidas capazes de coibir o alastramento da criminalidade transnacional. As redes conferem às lideranças e associações criminosas um nível de cooperação e distanciamento, diminuindo a sua vulnerabilidade, de modo que as organizações criminosas alcançam um elevado nível de sofisticação e dissimulação que dificultam o controle de suas ações.

O conceito de segurança é um dos principais temas das relações internacionais contemporâneas. De maneira mais sintética, aponta-se a existência de três vertentes teóricas distintas na área da segurança humana internacional: a tradicionalista, a abrangente e a crítica. Pela primeira, sustenta-se que os temas de segurança devem ser circunscritos às questões militares na salvaguarda dos interesses do Estado. Pela segunda, defende-se que o assunto da segurança deve incorporar, além do aspecto militar, as dimensões política, social, cultural e ambiental. Pela terceira, propõe-se que se busque a emancipação humana, incorporando ao debate valores como igualdade e liberdade entre os seres humanos. É preciso não confundir segurança com defesa. A defesa é compreendida, em seu sentido mais amplo, como uma ação condicionada à exigência da conservação das estruturas institucionais e dos elementos constitutivos do Estado. A ideia de defesa encontra-se diretamente ligada à de soberania. O paradigma empregado para definir segurança está relacionado com a questão da segurança nacional, entendida como a capacidade de reagir a uma violação estrangeira. A segurança pode ser aferida através de duas percepções distintas, ou seja, por meio do senso objetivo apto a medir a ausência de ameaças aos valores nacionais e por meio do senso subjetivo observado na ausência do temor em relação a um eventual ataque a tais valores. Na ótica das relações internacionais, a segurança pode ser considerada como um conjunto de manobras direcionadas para a neutralização de eventuais agressões, transformando hostilidades em cooperação, quando possível, a fim de se estabelecer benefícios mútuos compartilháveis entre Estados. A segurança constitui um tema político decidido no interior dos Estados, e também entre os Estados, no plano internacional, em um contexto global multifacetado. Nesse contexto, a segurança humana é a perspectiva incorporada de forma definitiva na agenda internacional, notadamente, nos debates realizados pelo Programa de Desenvolvimento Humano pelas Nações Unidas. O conceito de segurança humana não pode deixar de englobar quatro características fundamentais: segurança humana é uma preocupação universal, em razão das novas ameaças comuns a todos; os componentes da segurança humana são interdependentes, não havendo como dissociar os efeitos disseminados entre todos os afetados diretos e indiretos; a prevenção anterior é mais significativa que a repressão posterior, porque os efeitos danosos das agressões, frontais ou colaterais, já consumados, não podem ser desfeitos ou mesmo mitigados; e, o ponto referencial da segurança humana é o ser humano e a possibilidade de se lhe assegurar uma vida em sociedade imune às mais diversas hostilidades, sejam elas esporádicas ou crônicas, das menos às mais impactantes. Independente da visão adotada, ao abordar a dimensão da segurança humana e a influência do crime organizado transnacional, é possível perceber sua ação tanto na perspectiva restritiva, isto é, aquela que exerce pressão na estabilidade dos governos, quanto na perspectiva abrangente, ou seja, aquela que afeta a estabilidade da sociedade civil e do Estado. A percepção supranacional do crime transnacional pode ser observada através das respostas políticas dadas pelas organizações internacionais, na medida em que elas incorporaram o tema do crime organizado transnacional na agenda global e a sua influência para a segurança humana mundial. Os pronunciamentos das organizações internacionais apontam para um consenso quanto à necessidade de fortalecimento da cooperação em razão da ameaça que o crime organizado transnacional traz à segurança e à estabilidade das comunidades em todo o mundo. Em uma Conferência Mundial sobre o crime organizado transnacional, em 1994, ficou assentado que ele se insere nos temas de segurança e também engloba aspectos econômicos e sociais que comportam, igualmente, uma agenda de direitos humanos. O crime organizado transnacional foi identificado como uma ameaça ao desenvolvimento mundial. Ele põe em risco direitos humanos e fundamentais, configurando-se como um elemento de desestabilização e corrupção das instituições políticas, econômicas e sociais. Esse fenômeno tão perigoso e perverso exige a cooperação internacional para seu enfrentamento no plano internacional, bem como a adoção pelos Estados, no plano nacional, de políticas destinadas à adequação das legislações nacionais aos padrões internacionais. Já se sabe que o crime organizado transnacional envolve grupos de pessoas, operando em redes, por meio de relacionamentos pessoais, que permitam aos seus líderes o acompanhamento dessas interações, bem como a percepção de lucros das operações, controle de territórios e mercados internos e externos, mediante o uso de violência, intimidação e corrupção, tudo em benefício das atividades ilícitas, e com enorme capacidade de se infiltrar nas atividades lícitas. Os debates envolvidos apontam para a prioridade de cooperação internacional mais eficiente como forma principal de enfrentamento do crime organizado transnacional, baseado em cinco pontos fundamentais: alinhamento legislativo internacional no tocante à definição do crime organizado transnacional; ampliação da cooperação internacional da atuação no âmbito da investigação policial, unificação de procedimentos e homogeneização da atuação judicial; estabelecimento de princípios básicos e modalidades de cooperação internacional no plano local, regional e global; elaboração de acordos internacionais contra o crime organizado transnacional; e, desenvolvimento de medidas destinadas ao enfrentamento de suas mais diversas fontes de financiamento. Novas perspectivas permeiam o debate das relações internacionais sob o aspecto da segurança humana e da cooperação e pelo menos quatro abordagens são apontadas: a neorrealista, a globalista, a regionalista e a construtivista. A teoria neorrealista é baseada em dois níveis – sistema e Estado –, preocupando-se em operacionalizar o fortalecimento de ações para eliminar o terrorismo, enfatizando a política "estadocêntrica" e a importância da higidez territorial, identificando-se com a teoria do choque de civilizações. A teoria globalista adota a redefinição da soberania por redes de interação, envolvendo atores de diferentes tipos e em vários níveis, observando e analisando métodos transnacionais das redes como organizações criminosas e todos os aspectos ideológicos, religiosos, políticos, econômicos, sociais e culturais que elas desenvolvem nas suas articulações. A teoria regionalista destaca a segurança de uma área territorial como questão chave da ordem internacional, apontando para o crime organizado transnacional como manifestação de um ator "desterritorializado" e com enorme capacidade de penetração nos mais diversos espaços. A teoria construtivista busca compreender os discursos que sinalizam para o crime organizado transnacional como uma tremenda ameaça, bem como para as respostas apresentadas, com todas as implicações de ambos no funcionamento na estrutura da sociedade internacional e na sua mobilização para se proteger desse perigo sempre iminente. Nenhuma dessas teorias foi invalidada e elas representam, em termos de segurança, um tipo de resposta de mais alta ou baixa intensidade ao crime organizado transnacional, como uma questão de segurança que não é específica e inevitavelmente militar, na medida em que englobam fatores ideológicos, religiosos, políticos, econômicos, sociais e culturais intercambiáveis entre si. Não se ignora que o ambiente contemporâneo de segurança encontra-se fundamentado na busca de afinidades institucionais, levando a uma ordem estatal compartilhada, de modo que interesses nacionais adquiram a condição de pautas políticas gerais e prioritárias para todos. O conceito de comunidade de segurança compreende um grupo de pessoas que compartilham um ambiente comunicativo e, por conseguinte, comungam de valores, responsabilidades e confianças mútuas, aproximando-se da ideia de comunidade de pertencimento, pensada na mesma forma de comunidade imaginada[114], marcada pela existência integrada de símbolos, valores, instituições e ações que se tornam realidades intersubjetivas. O conceito de complexo de segurança, originado da comunidade de segurança, passa a ser identificado como um conjunto de unidades que manifestam interesses compartilhados para o desenvolvimento dos processos de securitização, de modo que os problemas de segurança não podem ser razoavelmente resolvidos de forma isolada ou separada. Trata-se de uma tendência internacional por parte dos Estados que compartilham a mesma cultura política em busca de alinhamento de medidas comuns, voltadas para controle do crime organizado, entre eles, o terrorismo transnacional, através de organismos nacionais e supranacionais que viabilizem a troca de informações sobre suspeitos, circulação de

---

114 ANDERSON, Benedict R. *Comunidades imaginadas: reflexões sobre a origem e a difusão do nacionalismo*. Trad. de Denise Bottman. São Paulo: Companhia das Letras, 2008, p. 127-129.

materiais perigosos, monitoramento de atividades ilícitas e comunicações interpessoais.

A estrutura do crime organizado não pode escapar a uma visão atenta da política criminal. Pelo menos três aspectos são de significativa importância para se entender melhor o dinamismo do crime organizado: seu contexto, seu conceito e suas características. Em termos de contexto, já não se deve seguir a visão de que o crime organizado é fruto de uma fantasia, uma espécie de dragão com cabeças de serpentes. Não há como fechar os olhos que a globalização econômica trouxe uma nova paisagem mundial, com zonas livres e francas de circulação de bens e mercadorias, supressão ou diminuição de controles alfandegários e fronteiriços, desregulamentação de mercados, avanços tecnológicos, facilitação de informações e comunicações, redes financeiras transnacionais, profundas desigualdades socioeconômicas, tudo gerando um ambiente mais propício para novas realidades e, entre elas, para o incremento de práticas delituosas organizadas nacionais e transnacionais ao redor do mundo. Não se pode deixar de reconhecer que o modelo globalizador produziu novas formas de criminalidade. Uma criminalidade organizada que possibilita a separação tempo-espaço entre a ação das pessoas que atuam no plano criminoso e a danosidade social provocada.[115] Não há dúvida de que o desenvolvimento tecnológico ao alcance do bem pode também se prestar à pratica do mal. Trata-se do inevitável paradoxo do uso dual das tecnologias, que se apresenta como uma espécie de "faca de dois gumes". É bastante certo que, ao se apropriar das inovações tecnológicas, a criminalidade organizada, como um fenômeno de gigantesca danosidade social, nos tempos atuais, tem maior capacidade de modernização de suas estratégias para disseminação de todo um potencial maléfico. A criminalidade organizada não pode deixar de ser objeto de reflexão de uma política criminal séria e responsável, tanto na agenda internacional, quanto na nacional, de tal modo que já não cabem mais improvisos teóricos e práticos sobre esse fenômeno. Já não cabem retóricas demagógicas e descompromissadas em relação aos mais perversos impactos dessa nova realidade criminosa que tanto assombra e atormenta uma mínima paz social. Quando se

---

115 SILVA FRANCO, Alberto. *Globalização e Criminalidade dos Poderosos*. São Paulo: RT, 2000, p. 206.

fala em olhar para a criminalidade organizada com lentes que reflitam o que ela realmente é, logo se pode ver que há enormes desafios para seu enfrentamento efetivo, algo que exigirá maior capacidade de integração dos poderes constituídos, a fim de que tenham condições concretas de lidar com as poderosas e inescrupulosas redes criminosas espalhadas ao redor do mundo. E já não se pode negar a existência de uma nova realidade criminal, impulsionada e reforçada pelas muitas facilidades tecnológicas modernas e também pela ampliação das estratégias empresariais para o submundo da criminalidade organizada. A discussão da política criminal, obviamente, não pode ficar adstrita à existência ou não dessa criminalidade organizada ou ainda sobre a necessidade de lhe dar tratamento adequado, mas também sobre a forma como essa resposta será dada pelo Estado Democrático de Direito através de seus poderes constituídos.[116]

Não é tão fácil estabelecer um conceito apropriado para crime organizado, sobretudo, porque é recomendável evitar, o quanto possível, as fortes cargas ideológicas incidentes sobre tal fenômeno. É certo que há uma tendência para se manter inalterada a noção de crime organizado como atividade criminosa sistemática, com ou sem uso da violência, cujos traços mais marcantes ainda são as conexões estabelecidas com agentes públicos corruptos, exploração de mercados ilícitos e investimentos em cirandas financeiras. No entanto, a política criminal não pode ficar alheia a paradigmas ou arquétipos que orientam a melhor compreensão possível da criminalidade organizada. Podem ser apontados pelo menos quatro paradigmas ou arquétipos dessa criminalidade: o mafioso, o das redes, o empresarial e o endógeno. O primeiro traz a ideia de uma organização criminosa com efetivo domínio territorial, fortemente hierarquizada, dotada até mesmo de uma comissão dirigente, como um verdadeiro "sindicato de bandidos", exercendo monopólio sobre determinados negócios ilegais, com ingresso em seu núcleo de maneira ritualística e baseado na lealdade "sanguíneo-familiar", encarnada na figura do "poderoso chefão". Esse modelo se irradia pelos mais diversos ambientes sociais. Os criminosos organizados são chamados

---

116 HASSEMER, Winfried *apud* ZIEGLER, Jean. *Os senhores do crime: as novas máfias contra a democracia.* Trad. de Clóvis Marques. Rio de Janeiro: Record, 2003, p. 69.

de mafiosos, já retratados na literatura e no cinema, além de terem presença icônica cristalizada no imaginário popular. O segundo caracteriza-se pelo entrelaçamento de agentes criminosos, formando estruturas menos verticais e hierárquicas, e mais horizontais e celulares. Indivíduos são chamados para atuarem em grupos específicos, de tal modo que possam realizar determinadas tarefas, diante de suas aptidões mais específicas. Na estrutura de rede, de hierarquia menos rígida, a figura do chefe poderá ser menos expressiva do que aqueles que movimentam contatos importantes. A figura do facilitador de contatos com outras redes tem muita importância nessa engrenagem criminosa. O terceiro adquire sua conformação na entidade ficta da empresa como motor da vida econômica, dentro de sistema do capitalismo global, com seus reflexos inevitáveis na criminalidade. A busca desenfreada de lucro por parte da criminalidade organizada faz com que o proveito econômico seja farejado onde quer que ele possa ser alcançado. Os limites tornam-se tênues e, muitas vezes, já não se conhecem mais fronteiras entre os negócios subterrâneos, embalados pelos sedutores encantos do poder e da lucratividade fácil. Basicamente, há três espécies empresariais: a empresa criminosa propriamente dita, ou seja, constituída exclusivamente para a ilicitude; a empresa regularmente constituída, mas que faz concessões para a prática sistemática, em seu meio, de ilícitos econômicos, financeiros, fiscais, tributários, previdenciários, ambientais, culturais, entre outros; e, a empresa constituída como "fachada" para encobrir atividades ilícitas em si, valendo-se dos conhecidos "testa de ferro", "peitos de aço" ou "laranjas", isto é, aqueles indivíduos que são usados para acobertamento das muitas e múltiplas falcatruas dos "empresários do crime". O quarto é aquele instalado no interior de certas instituições, especialmente as governamentais, que se valem de suas prerrogativas e posições privilegiadas para a obtenção de vantagens contínuas, na medida de suas influências extensivas por vários segmentos sociais passíveis de alcance, aproveitando-se de todas as oportunidades que lhes surgem no trato com os negócios públicos afetos às suas atribuições, e de suas mais escusas interações com diversos interesses privados corporativos, que também não deixarão de colher seus espúrios benefícios com essas relações corruptas entre as esferas pública e privada. Todos esses paradigmas ou arquétipos, inclusive, ajudam a política criminal a distinguir a criminalidade organizada de quatro outras modalidades assemelhadas: a de grupo, a profissional, a de massa e a cometida de modo organizado. A primeira envolve pluralidade de agentes, com maior ou menor coesão entre si, dispostos à prática eventual de ilícitos criminais com os fins determinados. A segunda também engloba certa multiplicidade de agentes, havendo entre eles determinadas habilidades especiais que facilitam o alcance dos resultados ilícitos almejados. A terceira se refere a inúmeros ilícitos criminais corriqueiros, praticados por agentes diversos no cotidiano de suas relações com seus espaços de interação social. A quarta se caracteriza por certo grau de ordenação em seu planejamento e execução, mas ainda sem estabilidade e estruturação na atuação dos agentes. Todas essas modalidades assemelhadas também precisam ser bem divisadas por uma política criminal que não deve se enganar[117], sobretudo, quando se trata da busca mais apropriada da delimitação do verdadeiro crime organizado, nacional e transnacional, sem incidir em confusões conceituais que não trazem apenas problemas teóricos, mas também práticos. Do mesmo modo, também não é tão fácil traçar, com precisão cirúrgica, os contornos da criminalidade organizada. Ao longo dos tempos, ela tem sido capaz de uma metamorfose impressionante. Contudo, essa dificuldade não pode servir de escusa para não se esforçar no sentido de delinear os contornos mais atuais dessa criminalidade, ainda que eles não sejam completos, até porque essa criminalidade não perde sua capacidade de ter "mil faces com rostos escondidos". Nesse sentido, podem ser traçados alguns elementos que se aglutinam na configuração desse fenômeno criminoso globalizado. Os contornos da criminalidade globalizada envolvem os seus chamados aspectos essenciais e não essenciais. Não é demais lembrar que essencial é algo de fundamental importância, primordial, principal, substancial, enquanto não essencial é adiáforo, complementar, suplementar, supletivo. Assim, com relação aos aspectos essenciais do crime organizado, podem ser assinalados os seguintes componentes: pluralidade de agentes, estabilidade, divisão do trabalho, finalidade de lucro e estrutura ou planejamento empresarial. No tocante aos aspectos não essenciais dessa modalidade criminosa, podem ser arrolados os seguintes elementos: hierarquia, disciplina, conexão, violência, entrelaçamento,

---

117 HASSEMER, Winfried. *Perspectivas de uma moderna política criminal: três temas de direito penal*. Porto Alegre: AMP, 1993, p. 21-25.

flexibilidade, mercado ilícito, cartel, controle territorial, tecnologia, transnacionalidade, embaraçamento e compartimentalização. Cada um desses aspectos comporta uma elaboração conceitual. Por óbvio, deve-se começar pelos aspectos essenciais. A pluralidade de agentes implica presença de uma multiplicidade de membros em uma enfeixada união de esforços articulados. A estabilidade diz respeito à permanência na atividade criminosa, não sendo suficiente uma eventualidade, nem se confundindo com um ilícito isolado praticado de forma organizada. A divisão de trabalho se refere a uma objetiva distribuição de tarefas, com funções definidas ou atribuições próprias para os membros distintos da organização e com especializações, adquirindo toda essa estrutura um marcante modelo empresarial. A finalidade de lucro é uma espécie de pacto, sem quaisquer reservas, voltado para a busca incessante de vantagens de toda espécie, incorporando-se a ideia nuclear de que todas as condutas convergem para um "crime-negócio", caracterizadas sempre pela previsão de mais lucro. A estrutura é uma espécie de planejamento empresarial, compreendendo uma bem articulada atuação, capaz de ser muito eficiente na maximização dos lucros, o que envolve uma atividade programada e executada, com logística voltada para a utilização dos meios mais sofisticados, para otimização de resultados, a fim de que sejam diminuídos os imprevistos e os riscos de fracassos e prejuízos para a organização. Agora, passe-se aos aspectos não essenciais. Não se imagine que são desprezíveis. Obviamente, não o são e, por vezes, ajudam a melhor identificar a criminalidade organizada quando analisados em conjunto com os aspectos essenciais. A hierarquia é um escalonamento de funções inconfundíveis na estrutura criminosa e, de certa maneira, até pode ser simplificada em três níveis principais: o dos "cabeças", conhecidos por dirigentes, integrantes do alto escalão, que engendram as atividades ilícitas e tomam as decisões, elaborando os planos sombrios e as estratégias insidiosas de execução; o dos "guarda-costas", ou seja, aqueles do médio escalão, encarregados não somente da supervisão mais direta das atividades ilícitas, mas também da proteção das riquezas espúrias auferidas; e, o dos "soldados", isto é, aqueles do baixo escalão, incumbidos das práticas ilícitas indispensáveis à manutenção das rentáveis atividades da organização criminosa. A disciplina se refere a uma maneira "exemplar" de comportamento exigido dos integrantes, de forma que sejam resolvidas atitudes individuais desajustadas por "códigos de conduta", aplicados por "instâncias paralelas de justiçamento". A conexão envolve a convivência ou mesmo o envolvimento mais ou menos direto de agentes do poder público, que podem ser cooptados mediante agrados reciprocidades ou mesmo sugestões, caso não atendam à "generosa" oferta de participação na consagrada "lei dos metais", ou seja, aquela que coloca que a opção pela "prata" é sempre mais vantajosa que a do "chumbo". Em termos menos eufemísticos, significa dizer que agrados são as formas mais explícitas ou implícitas de corrupção, que se caracteriza por propinas de todas as espécies, tão necessárias à longevidade subterrânea das atividades ilícitas da criminalidade organizada, com seus esquemas de clientelismos, troca de favores, tráfico de influências, conluios entre o público e o privado. A violência se expressa em manifestações, internas ou externas, exercidas contra todos que criam obstáculos ou embaraços para o desenvolvimento das atividades criminosas, conhecidas como "acerto de contas", caracterizadas não apenas pelo pacto de fidelidade à organização criminosa, bem como pela incorporação de um poder que não admite ser questionado nem desafiado. O entrelaçamento abrange a ideia de cooperação entre vários grupos, formando-se vínculos horizontais, e não verticais, entre indivíduos e grupos. Nesse sentido entrelaçamento, "bons canais" de ligações tornam-se fundamentais para tais atividades, as quais devem ser construídas para o "bom andamento" dos "negócios gerados" na economia da criminalidade organizada. A flexibilização significa a grande capacidade que a atividade criminosa organizada tem de se adaptar às relações sociais modernas, em especial, ao processo de globalização, facilitado pelas novas tecnologias da informação e da comunicação. O mercado ilícito, em todos os seus amplos segmentos, envolve uma série de produtos ou serviços proibidos, com maior destaque para aqueles que compõem os "pacotes" de alta demanda social. O cartel pode ser instalado em certos segmentos das atividades ilícitas, na medida em que um grupo mais poderoso acaba exercendo certo domínio ou preponderância na exploração de um produto ou serviço, o que lhe confere uma agigantada influência socioeconômica. O controle territorial estabelece as bases dos chamados "verdadeiros donos do pedaço", demarcando localidades em que conseguem exercer uma espécie de "autoridade leonina", em que as relações socioeconômicas da população ficam sob vigilância constante desses grupos dominantes. Por sua vez, as comunidades locais apoiam ou se submetem a tais grupos, em função de suas carências materiais, supridas por uma espécie de "política assistencialista do banditismo generoso", que exige em troca o compromisso fiel com o pacto de se manter sempre calado, uma vez que "boca fechada não entra mosca", uma espécie de "acordo" regido pela mais rigorosa regra do "não vi e não ouvi nada", traduzida pela "lei do silêncio", já que o máximo que se pode dizer é "não sei de nada". A tecnologia dos mais sofisticados equipamentos e recursos é empregada, em larga escala, pelas organizações criminosa, haja vista que potencializam as interconexões em termos de fluxos rápidos e imediatos de informações e comunicações. O embaraçamento consiste em estratégias, ostensivas ou veladas, utilizadas pelas organizações criminosas para a inviabilização de medidas preventivas e repressivas capazes de desmantelamento de suas estruturas de atuação em todas as localidades em que fincam suas ramificações. A compartimentalização implica criação de cadeias de comando, de modo que os executores das condutas criminosas não recebam ordens tão diretas de lideranças das organizações criminosas, que ficam mais à distância das chamadas "pontas da lança", para que as "células da criminalidade" sirvam como uma espécie de "capa de blindagem" para aqueles que se encontram nas "torres de marfim" das organizações criminosas.

A política criminal sobre o crime organizado, nacional e transnacional, não pode deixar de perceber que a corrupção é eixo unificador desses aspectos essenciais e não essenciais. Não é demais lembrar que a corrupção tem como característica a imanência e no corrupto existe uma suficiência básica, que até pode começar inconsciente e depois é assumida como "a coisa mais natural".[118] Se a corrupção é muito ruim, pior ainda é estabelecer a "cultura da corrupção", a ponto de uma sociedade assimilar que ela é algo absolutamente normal.

Não se deve pensar que toda aquela enumeração de aspectos essenciais e não essenciais seja exaustiva e suficiente para se demarcar, com absoluta precisão, todos os contornos da criminalidade organizada. Seria pretensão demais imaginar que já se tenha uma teoria acabada sobre um fenômeno tão complexo e dinâmico como o crime organizado,

---

118 BERGOGLIO, Jorge M. *Corrupção e pecado. Algumas reflexões a respeito da corrupção.* 4. ed. São Paulo: Ave Maria, 2013, p. 18.

nacional e transnacional, no atual mundo globalizado. Um fenômeno com enorme potencial metamorfoseante, sempre pronto a se adaptar às oportunidades que lhe são abertas por um mundo de muitos valores invertidos e pervertidos, chafurdado em uma imundície corruptora de muitas consciências e corações. Os antídotos contra esse fenômeno tenebroso não serão encontrados com tanta facilidade. Desde tempos remotos, sabe-se que a "hybris", ou seja, o desmedido, o sem limites, que se manifesta na "tríade demoníaca" – poder, ter e aparecer – nunca foi e não é uma inimiga fácil de se enfrentar e derrotar.[119] É uma espécie de "Leviatã" reinventado e as sábias palavras sobre esse "monstro do pavor"[120] ainda reverberam nos tempos atuais, marcados pela sua onipresença na sociedade globalizada. A falsa cegueira já não pode mais ficar encoberta pelo império do fingimento, quando uma realidade abominável e titânica da criminalidade organizada, nacional e transnacional, espalha suas mais ambiciosas e perniciosas atividades com "mãos que derramam sangue inocente", coração que maquina planos malvados, pés que correm rápido para a maldade". Essa maldade pode ser sintetizada na vetusta lição egípcia, quando se perguntava, no imemorial "Livro dos Mortos", se o morto tinha feito armadilhas aos pássaros.[121]

A política criminal deve se esforçar para entender a gigantomaquia desse empreendimento contagioso e nefasto do crime organizado, nacional e transnacional, diante de sua enorme capacidade de enredar e emparedar as sociedades ao redor do mundo. Uma singela metáfora ajuda a mostrar a sua monstruosidade: o imundo abaixo do céu não é limite, pois nem o céu o limita.

1.8 – LEITURA CRIMINOLÓGICA

A criminalidade mundial, como um fenômeno das sociedades globalizadas, não fica longe da "lógica da metamorfose veloz" de suas estruturas e modos de operação. A cada dia, ela procura se adaptar às

---

119 VAZ, Henrique Cláudio de Lima. *Escritos de Filosofia II. Ética e Cultura.* São Paulo: Loyola, 1988, p. 75-77.
120 BÍBLIA. Português. *Bíblia de Jerusalém.* Trad. de Samuel Martins Barbosa et al. São Paulo: Paulinas, 2006, p. 855-856.
121 THOMSON, Oliver. *A assustadora história da maldade.* Trad. de Mauro Silva. São Paulo: Ediouro, 2002, p. 144.

engenhosas dinâmicas das redes criminosas instaladas nas novas realidades contemporâneas.

Nesse cenário multifacetário, as organizações criminosas eclodem como uma nova preocupação estatal e social. Elas desestabilizam e desorientam os modelos de prevenção e repressão já tão desenvolvidos para enfrentamento da chamada criminalidade convencional.

As dificuldades reveladas e os desafios trazidos pela criminalidade organizada são muitos e tormentosos para a comunidade internacional.

A leitura criminológica pode ajudar a compreender melhor esse fenômeno aterrorizante que abala os mais diversos lugares ao redor do mundo.

Antes de tudo, porém, é recomendável dar um passo atrás e começar por uma dificuldade de caráter terminológico. Não é nada fácil identificar uma terminologia harmônica, capaz de dar os mais precisos contornos do fenômeno da criminalidade organizada. Não há uma nomenclatura unívoca e universal sobre o tema. A essa altura das pesquisas, é possível realizar uma espécie de inventário das expressões mais utilizadas, em foros nacionais e internacionais, como sinônimo da chamada criminalidade organizada. Não são poucas: associação criminosa, associação criminosa mafiosa, associação mafiosa, associação criminosa de modelo mafioso, associação de tipo mafioso, associação organizada, associação ilícita, associação ilícita organizada, associação delinquencial especial, associação delinquencial complexa, organização criminal, organização de criminosos, organização do crime organizado, organização criminosa de modelo mafioso, organização mafiosa, organização delinquencial, organização delitiva, organização delituosa, grupo organizado, grupo organizado criminoso, grupo criminoso organizado, grupo criminoso de origem mafiosa, grupo delituoso organizado, sodalício criminal, bando criminoso, multinacional criminosa, multinacional do crime organizado, sindicato criminoso, sindicato do crime e entidade do crime organizado.[122] Na literatura sociológica, uma expressão que tem sido bastante empregada é a de redes criminosas.[123]

---

122 FERRO, Ana Luíza Almeida. *Crime Organizado e Organizações Criminosas Mundiais*. Curitiba: Juruá, 2009, p. 331.
123 CASTELLS, Manuel. *Fim de Milênio*. Trad. de Klauss Brandini Gerhardt e Roneide Venancio Majer. São Paulo: Paz e Terra, 1999, p. 203.

Todas essas denominações, com mais ou menos frequência, são divulgadas até mesmo na linguagem cotidiana, mas sem preocupação com certo rigor. Não gera tantos problemas essa profusão de nomenclaturas nos amplos espaços de comunicação. Os problemas passam a existir e se tornam delicados quando expressões como "organizações criminosas" e "crime organizado" são utilizadas como sinônimos de ações delituosas cometidas por gangues, bandos ou quadrilhas que não guardam qualquer relação com a criminalidade organizada em sentido próprio e específico.

É necessária uma depuração do conturbado repertório terminológico assinalado. Admite-se que a expressão "criminalidade organizada" é preferível em relação às demais. Essa preferência é explicada pelo raciocínio mais simples da indispensável ligação com o crime que, fora dos estreitamentos da dogmática jurídico-penal, diz respeito ao heterogêneo acervo de delitos inseridos nos processos de confrontação entre agentes criminosos e mecanismos de controle social. [124]

Todavia, também não faltam críticas à expressão "criminalidade organizada", porque há aqueles que dizem se tratar de uma nomenclatura genérica demais, englobando um universo muito extenso de crimes.

Toda essa dificuldade terminológica, porém, não é apenas uma tagarelice, mas uma questão de alcance de máximo rigor teórico. Há posicionamento a favor da expressão "organização criminosa", porque exprime melhor a distinção necessária entre as meras associações de pessoas para a prática de crimes e a constituição de uma organização em que existe uma noção bem definida de cooperação entre os seus integrantes.[125] Entretanto, também não falta posicionamento a favor das expressões "organização criminosa" e "crime organizado", haja vista que ambas trazem elementos essenciais à melhor compreensão do fenômeno, desde sua sofisticação estruturante até sua engenhosidade operacional. Toda essa complexidade não se restringe ao aspecto terminológico.

---

124 SALLA, Fernando. Considerações sociológicas sobre o crime organizado no Brasil. *Revista Brasileira de Ciências Criminais*. São Paulo, 2008, v. 16, n. 71, p. 364-390.

125 PITOMBO, Antônio Sérgio Altieri de Moraes. *Organização Criminosa: nova perspectiva do tipo legal.* São Paulo: RT, 2009, p. 165-166.

Se fosse só isso seria até ameno o problema em torno da criminalidade organizada. Mas, ela envolve também o denso aspecto criminológico.

Antes de prosseguir na linha criminológica, é necessária uma advertência. Nas sociedades globalizadas, com tantas mentalidades obnubiladas, surgem muitas incertezas e preocupações que geram um ambiente propício para a cegueira de grande parte da população e para a demagogia barata de oportunistas que dizem ter as "soluções panacéicas" para a criminalidade organizada. São necessários antídotos de inteligência contra essa insidiosa manipulação.

A criminalidade organizada dos tempos atuais comporta uma mescla de novo e velho, na medida em que agrega esquemas de articulações apoiadas na logística das sofisticações tecnológicas, mas traz marcas de situações históricas já bem conhecidas:[126] práticas diversificadas de atividades ilícitas, atuação clandestina, divisão de tarefas, uso de violência e intimidação, produtos e serviços ilícitos, planejamento empresarial, relações clientelistas, lei do silêncio e controle territorial.[127]

Uma leitura criminológica bem posicionada ajuda a não cair no discurso simplista e demagógico do combate sem temor, da cruzada sem trégua, da guerra sem fim à criminalidade organizada. Aderir a essa asneira é embarcar em um "jato supersônico" com destino ao fracasso. E a razão para essa afirmação é muito simples. Criminalidade não é para ser combatida, porque não se trata de guerra, mas prevenida e reprimida. Esse paradigma criminológico não sofre qualquer alteração só porque se está, agora, diante da apavorante criminalidade organizada. A melhor resposta preventiva e repressiva para ela está na força da inteligência, e não na desinteligência da força. E não se trata de uma inteligência qualquer, mas de uma inteligência de excelência. É por isso que o olhar criminológico pode ajudar bastante na resposta inteligente à nem um pouco estúpida criminalidade organizada.

---

126 SANTOS, Juarez Cirino dos. Crime Organizado. *Revista Brasileira de Ciências Criminais*. São Paulo, 2003, v. 11, n. 42, p. 214-224.

127 MINGARDI, Guaracy. *O Estado e o Crime Organizado*. São Paulo: Universidade de São Paulo, 1996, p. 51.

É preciso voltar uma indeclinável atenção para dois pontos fundamentais: o mais geral da sociologia criminal e o mais específico da criminologia do crime organizado.

Na primeira dimensão, são formuladas teorias sociológicas que buscam explicar o fenômeno criminal na perspectiva da organização e desorganização social. Podem ser apontadas seis linhas dessa leitura: a ecologia criminal, a associação diferencial, a anomia, a subcultura delinquente, o interacionismo simbólico e a teoria crítica ou radical.

A teoria ecológica criminal opera com a ideia de desorganização social e a identificação de áreas de criminalidade. O controle formal e informal da criminalidade passa por enfraquecimento, na medida em que os agentes sociais vão se tornando anônimos e ocupam em círculos concêntricos, que se tornam zonas em que marcam presença e estabelecem suas relações criminosas.

A teoria da associação diferencia e sinaliza para a ideia de que a aprendizagem da conduta criminosa se dá por meio de um processo de comunicação com outras pessoas, principalmente, por grupos mais íntimos, incluindo técnicas de ações delitivas e a direção específica de impulsos, motivos e atitudes. Um indivíduo se envereda pelo mundo do crime, sobretudo, porque recebe mais definições favoráveis à violação das normas do que desfavoráveis a ela. Essa associação diferencial desperta a imitação ("minese"), envolvendo a ideia de que uma socialização incorreta é mola propulsora para a criminalidade.

A teoria da anomia propõe que o comportamento desviado pode ser considerado um sintoma de dissociação entre as aspirações socioculturais e os meios desenvolvidos para atingir tais aspirações. Nesse sentido, o fracasso no alcance das aspirações ou metas culturais, em razão da impropriedade dos meios institucionalizados, pode levar à anomia, entendida como manifestações comportamentais em que as normas sociais sejam ignoradas ou contornadas. Tida como um tipo de conflito cultural ou de normas, a anomia sugere a existência de um segmento de determinada cultura, cujo sistema de valores esteja em antagonismo conflituoso com outro sistema.

A teoria da subcultura delinquente traz três ideias básicas, quais sejam, o caráter pluralista e atomizado da ordem social, a cobertura normativa da conduta desviada e as semelhanças estruturais, na gênese, dos comportamentos regulares e irregulares. Além disso, ela envolve três fatores destacáveis, ou seja, não utilitarismo da ação, malícia da conduta e negativismo. O primeiro se revela no fato de muitos crimes não possuírem motivação racional. O segundo diz respeito ao prazer em desconcertar, em prejudicar outrem. O terceiro se manifesta como um polo oposto aos padrões da sociedade. A existência da subcultura delinquente se apresenta como forma de reação de algumas minorias desfavorecidas diante de exigências sociais de sobrevivência.

A teoria do interacionismo simbólico é também conhecida por etiquetamento, rotulação ou reação social. Para essa vertente, a criminalidade não é qualidade da conduta humana, mas consequência de um processo em que se atribui a ela determinado estigma, um verdadeiro rótulo. A sociedade define o que se entende por conduta desviante, ou seja, qualquer comportamento considerado perigoso, constrangedor, exigindo respostas sancionadoras para aqueles que se comportam dessa maneira e assim devem ficar etiquetados ou rotulados.

A teoria crítica ou radical entende que a realidade não é neutra, de modo que se vê todo o processo de marcação dos grupos marginalizados, voltando-se para eles o mecanismo de controle social. A partir dela, surge uma proposta chamada de neorretribucionista ou realista de direita, baseada em preservação e recuperação de espaços públicos, prevenção geral, especialmente, com resposta repressiva drástica a todas as condutas marginais desestabilizadoras da ordem social.

Aspectos particulares dessas teorias podem se somar e, nesse sentido, permitem compreender um pouco mais como a criminalidade organizada também se vale de elementos socioculturais, subjetivos e objetivos, para arregimentar ou recrutar "soldados para suas fileiras", tornando-os "peças de uma engrenagem" que tem seus escalões. Sem querer traçar uma estrutura fixa, até porque hierarquias rígidas estão mudando para redes com seus fluxos, é possível enxergar conexões entre os componentes do "conglomerado de negócios criminosos". Nesse arranjo criminoso não faltam pelo menos cinco segmentos: primeiro, a "mão de obra" recrutada nos guetos sociais das cidades; segundo, a movimentação criminal capaz de estabelecer conexões para fora de seu próprio ambiente; terceiro, a capacidade de realizar contatos com organizações nacionais e até transnacionais; quarto, a atuação no controle das gigantescas operações criminais; e, quinto, a chamada "face oculta" da criminalidade, os "acima de qualquer suspeita", que não "sujam as mãos no sangue", mas que são muito bem-sucedidos nos mercados ilícitos, com investimentos e retornos de cifras incalculáveis nos mais engenhosos negócios sombrios na conexão perversa da economia do crime global.

A criminalidade organizada pressupõe uma potencialidade lesiva extremamente grande e, por isso, se justifica uma maior preocupação estatal com ela, em suas muitas vertentes, entre as quais está o próprio terrorismo.

São bem destacados dois aspectos criminológicos relacionados à criminalidade organizada: o da tipologia mafiosa e o da tipologia empresarial. A criminalidade organizada do tipo mafiosa compreende a atividade delituosa baseada no uso da violência e da intimidação, com estrutura hierarquizada, distribuição de tarefas e planejamento de lucros, formando clientela e impondo a lei do silêncio. Seus integrantes são variados, existindo desde agentes públicos a executores dos crimes, com vítimas difusas, de modo que o controle estatal encontra enormes óbices, em face do seu grande poder de corrupção.[128] A criminalidade organizada do tipo empresarial não opera com apadrinhados ou rituais de iniciação, tendo suas atividades delitivas baseadas em planejamentos e metas para os negócios criminosos, que alcançam também vítimas difusas, causando prejuízos públicos e privados extraordinários em benefício dos empreendimentos ilícitos.[129] A expressão "crimes do colarinho branco" ("whitecollar crimes")[130] já é bastante conhecida da criminalidade organizada. Os crimes do colarinho branco têm características próprias e simultâneas: a posição social "respeitável" do criminoso e a interação da atividade criminosa com sua "profissão". São indivíduos com "prestígio na sociedade" e com trânsito fácil nas diversas instâncias governamentais, que seguem a cartilha da propina, do tráfico de influência e do favorecimento, contando com uma desonesta plêiade de agentes

---

128 CASTELLS, Manuel. Op. cit., p. 203-217.
129 PENTEADO FILHO, Nestor Sampaio. *Manual esquemático de criminologia*. 2. ed. São Paulo: Saraiva. 2017, p. 127.
130 SUTHERLAND, Edwin H. *White Collar Crimes*. New York: Dryden Press, 1949, p. 3.

públicos.[131] Os crimes do colarinho branco, diferentemente de outras atividades delitivas, geram a chamada "cifra dourada" da criminalidade.

De qualquer modo, mafioso ou empresarial, o crime organizado está "perfeitamente inserido no mundo globalizado, pulverizando suas lucrativas operações em múltiplos países, não respeitando fronteiras e legislações nacionais."[132] E não se pode deixar mesmo de lembrar que os atuais mecanismos tecnológicos possibilitam uma aproximação mundial sem precedentes, e as organizações criminosas se valem eficientemente desse arsenal para a ampliação de suas redes de contatos.[133]

Não resta dúvida sobre a intrincada problemática que a criminalidade organizada traz para a segurança pública nacional e internacional. Não é por outra razão que se fala da gravidade alarmante das ações terroristas para a segurança mundial. Uma segurança pública dificilmente será bem sucedida no enfrentamento ao crime organizado e, especialmente, em relação ao flagelo terrorista, nacional e transnacional, que hoje integra esse tipo de criminalidade, se não buscar orientações criminológicas que tanto se esforçam para decodificar suas engenhosas artimanhas e suas impiedosas façanhas.

1.9 – A LEITURA DO DIREITO CRIMINAL

Já se sabe que o direito criminal não deve ser a primeira, mas sim a "última razão"[134] do necessário controle social. Mesmo entendido como última razão, algo ainda não bem compreendido por muitos, o direito criminal deve ficar o mais longe possível da contaminação ideológica. A ideologização do direito criminal é a marca de sua perda de cientificidade.[135] Contudo, não é nada recomendável pretender a promoção de

---

131 PENTEADO FILHO, Nestor Sampaio. *Manual esquemático de criminologia*. 2. ed. São Paulo: Saraiva. 2017, p. 128.

132 VERGAL, Sandro. *Criminologia tridimensional: do direito à segurança pública eficiente*. Curitiba: Juruá, 2015, p. 201.

133 *Op. Cit.*, p. 201.

134 FERRAJOLI, Luigi. *Derecho y Razón*. Trad. de Perfecto Andrés Ibañez, Alfonso Ruiz Miguel, Juan Carlos Bayón Mochino, Juan Terradillos Basoco e Rocío Cantarero Bandrés. Madrid: Trotta, 1997, p. 5-7.

135 BUSATO, Paulo César. *Direito penal: parte geral*. São Paulo: Atlas, 2013, p.2.

mudanças sociais a golpes do direito criminal, sobretudo, quando se dá os mais insidiosos golpes puramente ideológicos.

Não é de surpreender que o direito criminal constitua a parte mais política do direito. Claro que ele requer certa consciência política, mas a sua completa subordinação ideológica fere de morte a sua razão de ser um meio à disposição do Estado para a regulação da vida em sociedade. É preciso reconhecer que sua intervenção, por si mesma, caracteriza uma violência. No entanto, trata-se de uma violência institucionalizada, ordenada, formalizada e socialmente aceita. Em sentido amplo, o direito criminal persegue a preservação da ordem social. Em sentido mais estrito, ele é um inegável mecanismo de controle social.

O emprego dessa ferramenta do direito criminal deve ser na exata medida de urgência e da emergência da necessidade de preservação do convívio social. Não se quer dizer com isso que deva ser um direito criminal de afogadilho e de improviso, embalado pelos sensacionalismos que colonizam as telas e canalizam as atenções dos desavisados. Trata-se de um direito criminal que seja capaz de colaborar para a construção de uma sociedade intercultural, antenado com as principais movimentações de um mundo globalizado.[136]

Parece não haver mais dúvida alguma de que o crime organizado, nacional e transnacional, está presente nesse mundo de tantas interações globais. É preciso prestar muita atenção no sério alerta de que o crime organizado pretende o poder. Em certas situações, já tomou de assalto o poder. Só fez crescer, expandir suas teias e seus tentáculos, sob o olhar desatento de governantes e governados.[137]

É estranho perceber que o crime organizado, nacional e transnacional, possa usufruir de um Estado desorganizado.[138] Não apenas desorganizado, mas também fragilizado, o Estado tem a sua legitimidade posta em xeque. Ele não pode deixar de assegurar a ordem pública, protegendo a paz social dos atentados criminosos desestabilizadores desse mínimo de tranquilidade tão necessária ao cotidiano da vida coletiva. Para tanto, o Estado dispõe de sua última razão, o direito criminal, um instrumento

---

136 *Op. Cit.*, p.3.
137 AMORIM, Carlos. *Assalto ao poder – o crime organizado*. Rio de Janeiro: Record, 2012, p. 10.
138 CASTELLS, Manuel. *Op. Cit.*, p. 239-244.

de coerção e coação como resposta necessária e adequada à afronta dura e severa da criminalidade organizada nacional e transnacional.

Claro que essa resposta estatal não pode ser tresloucada. Ela deve ser pautada por princípios e regras tanto no momento da chamada criminalização primária, o da produção legislativa, quanto no da criminalização secundária, o da aplicação da legislação.

Por trás dessa resposta, porém, não se pode deixar de enxergar fundamentos do próprio direito criminal. Ao invocar fundamentos desse direito, está se falando de funções e missões que lhe competem, enquanto encarregado da prevenção e da repressão à criminalidade. Funções e missões não se confundem, embora possam guardar relações entre si. Por função, entende-se o que o direito criminal realiza efetivamente. Por missão, compreende-se que o que ele tem é a pretensão de realizar.[139]

Antes de prosseguir com as funções e missões, é preciso lembrar que não se deve buscar a dinamização da mudança social a golpes de direito criminal[140]. Quando se segue essa ideia distorcida, golpeia-se a própria finalidade do direito criminal. Obviamente, o impacto desse golpe, em última análise, afeta a sociedade. Ela sentirá muito mais os efeitos negativos do que os efeitos positivos que o direito criminal deve lhe oferecer em termos preventivos e repressivos. Direito criminal jamais pode servir de plataforma para golpistas.

Funções e missões do direito criminal quando bem entendidas protegem a sociedade contra os possíveis "golpes criminais".

Concentre-se atenção inicial nas principais funções do direito criminal. A primeira é a proteção de direitos subjetivos lesados ou ameaçados de lesão pela prática criminosa. A segunda é a regulação social, criminalizando as condutas mais perigosas à sociedade. A terceira é a preservação de certa moral social, exercendo um papel pedagógico de resposta àquelas condutas violadoras dos valores que ela afirma. A

---

139 BUSATO, Paulo César; HUAPAYA, Sandro Montes. *Introdução ao Direito Penal: fundamentos para um sistema penal democrático.* 2 ed. Rio de Janeiro: Lumen Juris, 2007, p. 25.

140 GARCIA-PABLO DE MOLINA, Antonio. *Derecho Penal. Introducción.* Madrid: Servicio de Publicaciones de la Facultad de Derecho de la Universidad Complutense de Madrid, 2000, p. 100.

quarta é estabelecer um sistema normativo incriminador dentro de pautas criteriosas em termos de princípios e regras que balizem o poder punitivo estatal. A quinta é a de fixar a violência estatal no circuito da legalidade e da legitimidade, considerando que a sanção criminal traz sempre a marca de uma "agressão" aos incriminados. A sexta é a presença simbólica, na medida em que produz um efeito psicossocial no sentido de que há um aparato normativo incriminador para prevenir e reprimir comportamentos reprováveis. A sétima é a força promocional, já que são mantidas as transformações sociais e se procura dar suporte a elas, quando tutela os valores incorporados nessa dinâmica da vida coletiva. A oitava é não permitir o "justiçamento" privado, evitando que ofendidos possam deflagrar seu arbítrio contra os agressores como resposta a seus direitos subjetivos violados. A nona é a face de vigilância, estabelecendo um rol punitivo que anuncia um controle comportamental incidente sobre a sociedade. A décima é a motivadora, servindo como uma espécie de incentivo a não se incorrer no comportamento proscrito pelo "cardápio" normativo incriminador.

Todavia, sabe-se que o direito criminal não se esgota nas funções, ou seja, em tudo que ele provoca efetivamente, independente de ser ou não sua pretensão. Ele vai mais além e tem seus propósitos idealizados. Entram em cena suas missões, vale dizer, aquilo que o direito criminal deve almejar. Obviamente, é a manutenção de um equilíbrio entre igualdade e liberdade que se impõe ao direito criminal como filtro necessário de suas missões. O estabelecimento das missões do direito criminal perpassa o reconhecimento de seus desvios concretos e uma correta orientação de rumos dentro das perspectivas dos parâmetros democráticos.[141]

Prenda-se a atenção nas principais missões do direito criminal: reforço dos valores ético-sociais da atitude interna, confirmação do reconhecimento normativo, defesa de bens jurídicos e a de controle social do intolerável.

A missão de reforço dos valores ético-sociais da atitude interna centra na ideia de que incumbe ao direito criminal influenciar a consciência individual, para orientá-la na direção do respeito profundo por

---

141 BUSATO, Paulo César. *Direito penal: parte geral*. São Paulo: Atlas, 2013, p. 9.

tais preceitos. Eles são os fundamentos mais sólidos que sustentam não só o Estado, mas a própria sociedade civil.[142] A preocupação é não desvalorizar e até mesmo esvaziar a consciência ético-social, de modo que o direito criminal tem a missão de força configuradora de costumes.[143] Na realidade, sustenta-se que se trata da pretensão de deixar evidenciada a primazia do interesse social de orientação comunitária.[144]

A missão de confirmação do reconhecimento normativo está ligada à prevenção geral positiva, de modo que tanto o instrumento (a sanção criminal), quanto a organização jurídica (o direito criminal) devem buscar a estabilidade do reconhecimento social no tocante à validade da norma violada pelo ato criminoso. Parte-se da premissa da não fidelidade ao direito demonstrada pelo criminoso, para concluir que o direito criminal deve assegurar o reconhecimento normativo e preservar a confiança geral da sociedade na vigência da norma afrontada pela prática criminosa. Na verdade, o que se busca é reafirmar a vigência da norma, cabendo a equiparação entre vigência e reconhecimento. A proposta é alcançar a estabilidade normativa através da confirmação de vigência de norma afrontada pelo comportamento desviado, o que se atinge com a imposição da sanção criminal. Não se pode admitir a desautorização da norma incriminadora, porque é inconcebível um conflito social na medida em que se questiona a norma como modelo de orientação.[145] É preciso dar plena estabilidade à vigência de norma incriminadora, independentemente da valoração do seu conteúdo.

A missão de defesa de bens jurídicos, em longa escala, é uma das mais antigas do direito criminal. Atualmente, ela não se identifica apenas com um objeto material corpóreo. Ela segue se ajustando à proteção

---

142 WELZEL, Hans. *Derecho penal alemán. Parte general.* Trad. de Juan Bustos Ramires e Sergio Yáñez Perez. 11. ed. Santiago: Editorial Jurídica de Chile, 1997, p. 2.

143 JESCHECK, Hans-Heinrich; WEIGAND, Thomas.*Tratado de Derecho Penal. Parte General.* Trad. de Miguel Olmedo Cardenete. 5. ed. Granada: Comares, 2002, p. 2-9.

144 HASSEMER, Winfried; MUÑOZ CONDE, Franscisco. *Introducción a laCriminología y al Derecho Penal.* Valência: TirantloBlanch, 1989, p. 101-102.

145 JAKOBS, Günther. *Derecho Penal – parte general. Fundamentos y teoria de laimputación.* Trad. de Joaquin Cuello Contreras e José Luis Serrano Gonzáles de Murillo. 2. ed. Madrid: Marcial Pons, 1997, p. 13.

de garantias fundamentais ao desenvolvimento do ser humano na sociedade. Claro que é possível limitar um pouco, desde um ponto de vista axiológico, o âmbito de proteção jurídico-penal e, assim, abrir a possibilidade de deixar de fora dela comportamentos que não aflijam bens jurídicos essenciais. Trata-se da chamada delimitação negativa, consistente na ideia de que somente um catálogo de bens jurídicos essenciais para o desenvolvimento humano em sociedade são merecedores da proteção penal.[146]

A missão de controle social do intolerável está relacionada a uma espécie de equação no sentido de que quanto maior a gravidade da atitude perturbadora da convivência em sociedade, maior é a ingerência que a norma supõe sobre a vida da pessoa que provocou a perturbação. Trata-se de uma óbvia questão de proporcionalidade. Todas as normas destinam-se a permitir a vida em sociedade, exercendo certo nível de controle social. Na distribuição do escalonamento de gravidade e proporcionalidade, as normas de direito criminal ocupam o lugar de última razão, porque sua força cogente supõe o emprego das consequências mais interventivas na vida das pessoas dentre todos os mecanismos de controle. Assim, é fácil perceber que fica reservado ao direito criminal realizar o controle social do intolerável, isto é, cumprir a tarefa desse controle em que as demais normas de preservação da estrutura social se tornam insuficientes. Contudo, a identificação do intolerável passa pela existência de uma violação grave dos bens jurídicos essenciais ao desenvolvimento do indivíduo na sociedade.[147] Essa é a justificação plausível para a intervenção controladora que o direito criminal pode exercer sobre o intolerável socialmente.

Parece que a lei brasileira sobre as organizações terroristas procurou seguir orientação da política criminal inteligente, da criminologia do crime organizado e do direito criminal funcional, sem perder seu horizonte missionário. Talvez seja possível assinalar, ao menos, dez aspectos que confirmam essa tríplice articulação.

Primeiro, ela reconhece que as organizações terroristas configuram, nos últimos tempos, uma das maiores ameaças aos direitos humanos e

---

146 BUSATO, Paulo César. *Direito penal: parte geral.* São Paulo: Atlas, 2013, p. 15.
147 BUSATO, Paulo César. *Direito Penal: parte geral.* São Paulo: Atlas, 2013, p. 16-17.

fundamentais e ao fortalecimento da democracia. Volta atenção para atentados em grande escala. Praticados por grupos bem articulados e treinados, ou mesmo atos individuais (dos "lobos solitários"), que aterrorizam populações inteiras ao redor do mundo.

Segundo, apesar de não ter sofrido qualquer ato em seu território, o Brasil não poderia jamais deixar de mover atento aos episódios ocorridos no mundo, especialmente, por ser um dos principais atores econômicos e políticos das relações internacionais.

Terceiro, ela busca acolher os principais debates mundiais sobre o terrorismo, com fim de estabelecer uma proteção ao indivíduo, à sociedade como um todo, bem como seus diversos segmentos, sejam eles, o social, o racial, o religioso, o ideológico, o político ou o de gênero.

Quarto, ela possibilita a aplicação imediata de instrumentos de investigações previstos para as organizações criminosas, tais como, a colaboração premiada, agente infiltrado, ação controlada e acesso a registros, dados cadastrais, documentos e informações.

Quinto, ela se orienta a dar os contornos das organizações terroristas cujos atos preparatórios ou executórios ocorram por razões de ideologia, política, xenofobia, discriminação ou preconceito de raça, cor, etnia, religião ou gênero e que tenham por propósito provocar o terror, expondo a perigo ou causando danos à incolumidade ou à paz pública.

Sexto, ela considera que as organizações serão caracterizadas pelo fundamento da ação, pela forma praticada e pelo fim desejado pelo agente terrorista.

Sétimo, ela não se esquece das condutas daqueles que aliciam pessoas para a prática de atos terroristas no país ou no exterior, bem como daquele que recebe treinamento para realizar terrorismos no exterior, alinhando-se com as últimas ações perpetradas ao redor do mundo.

Oitavo, ela incrimina a conduta de financiamento do terrorismo, seja daquele que o faz para uma ação determinada, seja de quem financia uma pessoa ou grupo de forma genérica, sem esperar que ele implemente de imediato uma ação, mas que saiba que essas condutas são por eles corriqueiramente praticadas.

Nona, ela busca dar cumprimento a acordos internacionais firmados pelo país, especialmente, em relação a organismos como o grupo de ação financeira, entidade intergovernamental com a função de definir padrões e implementar medidas legais, regulatórias e operacionais para enfrentar a lavagem de dinheiro, o financiamento ao terrorismo e a outras ameaças à integridade do sistema financeiro internacional relacionadas a tais crimes.

Décima, ela reconhece que as condutas terroristas não se circunscrevem aos limites territoriais, estendendo seus efeitos para além das fronteiras de um Estado, o que afeta a própria comunidade internacional.

Na realidade, o crescimento do crime organizado agregou em sua estrutura uma das características mais expressivas do atual mundo global, a transnacionalidade, trazendo novos e enormes desafios de prevenção e repressão aos Estados nacionais.

O Brasil não é uma ilha isolada no globo. Não se ignora que a lei antiterrorismo pátria é também fruto de influências que ultrapassam suas fronteiras. O Grupo de Ação Financeira contra a Lavagem de Dinheiro e o Financiamento do Terrorismo teria falado em suspender o Brasil, caso o país não produzisse normas jurídicas incriminadoras sólidas para enfrentamento do terrorismo e seu financiamento. Com sede na França, a organização foi criada pelos países que compõem o chamado G7 (grupo dos sete países mais desenvolvidos economicamente do mundo), para o desenvolvimento de políticas de "combate" à lavagem de dinheiro e financiamento do terrorismo. Parece não haver dúvidas de que o referido grupo de poderosos países teve peso no impulso legislativo brasileiro. No entanto, outras falas sobre a lei também logo circularam. Dias após a aprovação da lei no país, a Organização das Nações Unidas considerou que o "estatuto normativo tupiniquim" poderia ter incidido em uma preocupante amplitude. Uns disseram que a lei inclui disposições e definições demasiado vagas e imprecisas. Outros reverberam que ela contém ambiguidades que dariam margem a discricionariedades elásticas na interpretação de seu conteúdo. E não faltam aqueles que suspeitam que ela possibilitaria até arbitrariedades na sua aplicação. É sempre assim quando sai do forno uma lei. Não seria diferente com uma lei como essa para tratar de um tema tão espinhoso como o terrorismo em um momento tão delicado da sociedade global.

Obviamente, em geral, surgem preocupações com o ajuste da lei ao Estado Democrático de Direito e as exigências indeclináveis de respeito pelos direitos humanos e fundamentais consagrados no país. Não há outra maneira de se tentar entender melhor o real conteúdo normativo da lei brasileira antiterrorismo senão escavando, doravante, com rigor científico, seus aspectos jurídicos penais e processuais-penais.

Capítulo II

A EVOLUÇÃO JURÍDICA DO TRATAMENTO DO TERRORISMO NO BRASIL A PARTIR DE 1988

Como já mencionado anteriormente neste trabalho, foi a Constituição Federal de 1988 que fez a primeira menção ao crime de terrorismo no Brasil, equiparando-o aos crimes hediondos no seu artigo 5º, inciso XLIII.

Logo a seguir, a Lei dos Crimes Hediondos (Lei 8.072/90), cumprindo o mandamento constitucional acima citado, estabeleceu que o tratamento mais rigoroso aplicado aos crimes hediondos deveria ser utilizado também no caso dos crimes de terrorismo (artigo 2º., da Lei 8.072/90).

Mas, restava uma dúvida praticamente insolúvel: o que era crime de terrorismo na legislação brasileira? Será que sequer existia algum crime de terrorismo no nosso ordenamento jurídico–penal?

Garimpando a legislação brasileira, chegou-se ao artigo 20 da Lei de Segurança Nacional (Lei 7.170/83), versado nos seguintes termos:

> "Devastar, saquear, extorquir, roubar, sequestrar, manter em cárcere privado, incendiar, depredar, provocar explosão, praticar atentado pessoal ou *atos de terrorismo*, por inconformismo político ou para obtenção de fundos destinados à manutenção de organizações políticas clandestinas ou subversivas.
>
> Pena – reclusão, de três a dez anos (grifo nosso)".

Gonçalves afirma que se trata desde então do crime de terrorismo preconizado pela Constituição Federal o artigo de lei acima transcrito.[1] No mesmo diapasão se manifestava Bechara.[2]

Não obstante, tal entendimento não era unânime. Silva Franco destaca que o Brasil não tipificou na legislação codificada nenhum crime de terrorismo, ao reverso do que ocorre com países como Portugal e Espanha. Para o autor a simples menção de "atos de terrorismo" no corpo do artigo 20 da Lei de Segurança Nacional não é suficiente para erigir o dispositivo em "crime de terrorismo". Mesmo porque, em seu entendimento, a expressão "atos de terrorismo", sem qualquer qualificação ou complemento, configura uma "cláusula geral", um *tipo penal aberto*, infrator do *Princípio da Legalidade Estrita* que exige não somente a previsão legal antecedente da conduta criminosa, mas uma previsão semanticamente inequívoca. Na visão de Silva Franco, portanto, na época, o Brasil falava em crime de terrorismo em seu texto constitucional, na Lei dos Crimes Hediondos, mas isso não passava de uma verborragia insignificante. Não havia realmente em nosso ordenamento um tipo penal sequer de terrorismo e a utilização do artigo 20 da Lei de Segurança Nacional seria inviável, seja porque se trata de crime comum e não de uma lei específica de combate ao terrorismo, seja porque, ao menos na parte em que descreve como conduta criminosa "atos de terrorismo", a legislação sob comento seria inconstitucional por violação da legalidade estrita.[3]

Efetivamente o molde a que se chegou no moderno garantismo jurídico–penal, não permite, como bem lembra Ferrajoli, nosso contentamento com um princípio de legalidade ampla ou mera legalidade, mas exige uma "legalidade estrita". Não basta haver lei a ser aplicada pelos juízes, mas tal lei deve ser elaborada pelo legislador com esmero de forma taxativa e com "precisão empírica".[4]

---

1 GONÇALVES, Victor Eduardo Rios. *Crimes Hediondos, Tóxicos, Terrorismo, Tortura*. São Paulo: Saraiva, 2001, p. 81.
2 BECHARA, Fábio Ramazzini. *Legislação Penal Especial*. São Paulo: Saraiva, 2005, p. 2.
3 FRANCO, Alberto Silva. *Crimes Hediondos*. 3ª. ed. São Paulo: RT, 1994, p. 67-68.
4 FERRAJOLI, Luigi. *Direito e Razão*. Trad. Ana Paula Zomer "et al." São Paulo: RT, 2002, p. 31.

Na mesma linha de raciocínio se posiciona Monteiro:

> "Chama a atenção a expressão 'praticar atos de terrorismo'. A lei anterior trazia igual dispositivo, usando a expressão 'praticar terrorismo' no art. 28. Contudo, no decorrer desta breve análise, chegamos à conclusão de que a noção de terrorismo continua sob incertezas doutrinárias e sem definição legislativa. Utiliza a lei um discutido *nomen iuris* como definição legal do tipo. Ora, essa forma legislativa não é possível pela ausência de tipo autônomo definido como crime".[5]

Similar é o pensamento de Leal:

> "Do ponto de vista técnico–jurídico, a redação confusa e ambígua deste dispositivo legal, parece-nos insuficiente para construir uma definição jurídica de terrorismo como tipo penal autônomo. Por isso, como consequência da adoção do princípio da legalidade, cremos que ninguém poderá ser punido por este tipo de crime, enquanto uma lei específica não definir objetivamente o tipo de conduta denominada terrorismo. É preciso que a lei descreva, com precisão e de forma objetiva, quais as ações caracterizadoras de um possível tipo legal de terrorismo. Ou seja, o crime previsto no art. 20, *caput*, da LSN, não pode receber o *nomen juris* de terrorismo, principalmente para o fim de ser marcado com o rótulo da hediondez e de sofrer as consequências penais prevista na LCH".[6]

Em posição oposta, defendendo a tese de que o crime de terrorismo sempre esteve presente no artigo 20 da Lei de Segurança Nacional, tal qual os já citados Victor Eduardo Rios Gonçalves e Fábio Ramazzini Bechara, vem Nucci. O autor por último citado afasta a infração à legalidade e o reconhecimento de um *tipo penal aberto,* alegando que o que o legislador fez na Lei de Segurança Nacional foi utilizar-se do legítimo recurso da chamada "interpretação analógica". Descreveu condutas concretas casuisticamente e deixou a fórmula genérica dos "atos de terrorismo" fechando o tipo penal. Dessa forma, o intérprete não fará

---

5   MONTEIRO, Antonio Lopes. *Crimes Hediondos*. 8ª. ed. São Paulo: Saraiva, 2008, p. 134.
6   LEAL, João José. *Crimes Hediondos*. 2ª. ed. Curitiba: Juruá, 2004, p. 78.

nenhuma analogia "in mallam partem" ou poderá incluir no tipo penal o que bem entender. Ao reverso, terá de tipificar como "atos de terrorismo" condutas similares àquelas descritas anteriormente no dispositivo. Para Nucci, o artigo 20 da Lei de Segurança Nacional seria então o crime de terrorismo a que fazem referência à Constituição Federal e à Lei dos Crimes Hediondos (Lei 8.072/90).[7]

Ressalvando entendimento contrário, Bechara também apontava o artigo 20 da Lei de Segurança Nacional como sendo o crime de terrorismo preconizado pela Constituição Federal e pela Lei dos Crimes Hediondos.[8]

Por seu turno também Capez afirma que o terrorismo está tipificado no artigo 20 da Lei 7.170/83. Admite, porém, o autor, que a tipificação legal ali constante poderia ser melhorada. Quanto às críticas à constitucionalidade do dispositivo, Capez alega que a natureza multifária dos atos de terrorismo impede uma tipificação milimétrica da conduta, o que justificaria com razoabilidade e proporcionalidade a adoção pelo legislador de um "tipo penal aberto".[9]

Com base no escólio de Antonio Scarance Fernandes, os autores Alexandre de Moraes e Gianpaolo Poggio Smanio defendem a tese de que o crime de terrorismo estaria sim tipificado no artigo 20 da Lei de Segurança Nacional.[10]

A jurisprudência sobre a matéria é inexistente, conforme aponta Monteiro[11], de forma que a questão se reduz à fonte doutrinária no seio da qual prevaleceu a tese de que haveria na legislação brasileira um crime de terrorismo tipificado no artigo 20 da Lei de Segurança nacional, inobstante suas falhas de redação e técnica.

---

7   NUCCI, Guilherme de Souza. *Leis Penais e Processuais Penais Comentadas*. São Paulo: RT, 2006, p. 304 – 305.
8   BECHARA, Fábio Ramazzini. *Legislação Penal Especial*. São Paulo: Saraiva, 2005, p. 2.
9   CAPEZ, Fernando. *Curso de Direito Penal*. Volume 4. 10ª. ed. São Paulo: Saraiva, 2015, p. 216 – 217 e 629.
10 MORAES, Alexandre de, SMANIO, Gianpaolo Poggio. *Legislação Penal Especial*. 10ª. ed. São Paulo: Atlas, 2007, p. 34.
11 MONTEIRO, Antonio Lopes. *Op. Cit.*, p. 136.

Lamentável a situação em que ficou o país em tão relevante tema desde 1988, pois realmente o artigo 20 da Lei 7.170/83 é raquítico no que diz respeito à obediência necessária à legalidade estrita. Além disso, não se trata de um crime previsto especificamente com o fito de coibir o terrorismo. Mais ainda, somente enfoca o terrorismo político, não sendo abrangente o suficiente para abarcar outras motivações para tais atos.

O advento da Lei 13.260/16 põe, finalmente, termo nessa discussão estéril e lamentavelmente longa. Agora não resta dúvida de que o artigo 20 da Lei de Segurança Nacional não é crime de terrorismo mencionado pela Constituição Federal e pela Lei dos Crimes Hediondos. O Princípio da Especialidade aponta que a Lei 13.260/16 trata especificamente da matéria enfocada, não deixando qualquer margem de dúvida para a constatação de que os crimes de terrorismo somente são aqueles ali previstos. O artigo 20 da Lei 7.170/83, mesmo desconsiderando sua inconstitucionalidade, é um crime comum contra a "segurança nacional" e não um crime de terrorismo.

Capítulo III

TERRORISMO E TRATADOS INTERNACIONAIS

Como já explicitado, o fenômeno do terrorismo não é local, mas global. Por isso assume relevo o tratamento internacional do tema e a adesão brasileira a tratados.

Essa adesão a tratados internacionais contra o terrorismo, tal como a Constituição Brasileira, antecede em muito à edição da Lei 13.260/16 e certamente a deve nortear em termos de conteúdo. Assim como pode haver inconstitucionalidade, é preciso atentar para os casos de eventual inconvencionalidade, ou seja, o desacordo da legislação interna do Brasil com tratados e convenções de que o país é signatário.

Fato é que os tratados internacionais relativos ao combate ao terrorismo ratificados pelo Brasil e as resoluções obrigatórias do Conselho de Segurança da ONU e outros organismos internacionais também compõem técnica e formalmente a legislação interna do Brasil.

O Brasil ratificou ao menos 15 convenções e protocolos internacionais de combate ao terrorismo. Elencando: Convenção Relativa às Infrações e Certos Outros Atos Cometidos a Bordo de Aeronaves; Convenção para Repressão ao Apoderamento Ilícito de Aeronaves; Convenção para Prevenir e Punir os Atos de Terrorismo Configurados em Delitos contra as Pessoas e a Extorsão Conexa Quando Tiverem Eles Transcendência Internacional; Convenção para a Repressão de Atos Ilícitos contra a Segurança da Aviação Civil; Convenção sobre a Prevenção e Punição de Infrações contra Pessoas que Gozam de Proteção Internacional, incluindo os Agentes Diplomáticos; Convenção contra a Tomada de Reféns; Convenção sobre a Proteção Física dos Materiais Nucleares; Protocolo para a Supressão de Atos Ilícitos de

Violência nos Aeroportos a Serviço da Aviação Civil; Convenção sobre a Marcação dos Explosivos Plásticos para Fins de Detecção; Convenção Interamericana contra a Fabricação e o Tráfico Ilícito de Armas de Fogo, Munições, Explosivos e Outros Materiais Correlatos; Convenção Internacional sobre a Supressão de Atentados Terroristas com Bombas (com reserva ao parágrafo 1 do artigo 20); Convenção Internacional para a Supressão do Financiamento do Terrorismo; Convenção Interamericana contra o Terrorismo; Convenção para a Supressão de Atos Ilícitos contra a Segurança da Navegação Marítima; Protocolo para a Supressão de Atos Ilícitos contra a Segurança de Plataformas Fixas localizadas na Plataforma Continental.[1] Além disso, em 14 de setembro de 2005, o Brasil assinou em Nova York a Convenção Internacional para a Supressão de Atos de Terrorismo Nuclear, a qual foi ratificada pelo Decreto Legislativo 267, de 10 de junho de 2009.

Na Convenção Interamericana contra o Terrorismo, o Brasil reafirma o compromisso de "prevenir, combater, punir e eliminar o terrorismo". Dentre as medidas internas está o compromisso de editar legislação que apene os delitos ligados ao terrorismo (artigo 3º, parte final da Convenção), bem como que reprima o seu financiamento (artigo 4º da Convenção).

Similar obrigação é também assumida pelo Brasil no artigo 8º alínea "d" da Convenção para Prevenir e Punir os Atos de Terrorismo Configurados em Delitos contra as Pessoas e a Extorsão Conexa, quando tiverem eles transcendência internacional.

Percebe-se que o vácuo legal existente durante longos anos no Brasil a respeito de uma legislação que reprimisse o terrorismo consistia em uma inconstitucionalidade e inconvencionalidade por *insuficiência protetiva*. A Constituição Federal, no aspecto interno, determinava a criminalização do terrorismo, inclusive equiparando-o a crime hediondo, conforme artigo 5º, XLIII. No plano internacional é fato, como demonstrado acima, que o país assumiu diversos compromissos em relação à repressão, inclusive criminal do terrorismo interno, bem como para colaboração externa.

---

1 LASMAR, Jorge Mascarenhas. A legislação brasileira de combate e prevenção ao terrorismo quatorze anos após 11 de setembro: limites, falhas e reflexões para o futuro. *Revista de Sociologia e Política*. n. 53, mar., 2015, p. 58 – 59.

Janaína Paschoal prefere usar o termo "indicação de criminalização" do que o termo "determinação de criminalização" ao referir-se aos *mandamentos constitucionais de criminalização*. A autora bem expõe que as "indicações de criminalização" podem ser "explícitas" ou "implícitas". No segundo caso, quando a Constituição Federal estabelece direitos, garantias ou interesses como bens jurídicos dignos de tutela que pode ser também a penal (mas, não somente essa). No primeiro ("explícitas"), quando a Carta Magna indica claramente a criminalização de certas condutas que atentam contra determinados bens jurídicos. Um exemplo típico é o racismo e outro sem dúvida é o terrorismo.[2] Não haveria exatamente uma obrigação do legislador ordinário de criminalizar condutas, mas apenas indicações constitucionais. Para deliberar sobre a necessidade de proteger dado bem jurídico constitucional por meio do instrumento de "ultima ratio" que é o Direito Penal, seria necessária ainda uma avaliação de proporcionalidade estrita, necessidade e adequação.

Segundo Paschoal:

> "No Brasil, mesmo que se entendessem as indicações constitucionais de criminalização como vinculantes ao legislador ordinário, não haveria instrumento jurídico passível de forçá-lo a cumprir essa pretensa obrigação, pois o remédio constitucional previsto para sanar omissões legislativas é o mandado de injunção, que está exclusivamente relacionado ao gozo dos direitos e liberdades previstos na Constituição Federal e não à sua limitação".[3]

E adiante:

> "Eventual necessidade de tutela penal não pode resultar de uma análise meramente formal, ou seja, não é razoável propugnar que o legislador está obrigado a criminalizar exclusivamente em função do reconhecimento de um determinado bem jurídico (ou direito fundamental) por parte da Constituição Federal, mas, sim, em razão da carência efetiva de tutela de tal natureza".[4]

---

2 PASCHOAL, Janaina Conceição. *Constituição, Criminalização e Direito Penal Mínimo*. São Paulo: RT, 2003, p. 106 – 107.
3 *Op. Cit.*, p. 89 – 90.
4 *Op. Cit.*, p. 144.

Inobstante seja imperioso concordar com as assertivas da autora acima citada, tem-se a convicção de que o terrorismo é um caso no qual há não somente uma determinação formal de criminalização na Constituição Federal e em tratados internacionais, mas também uma real necessidade, adequação e proporcionalidade em sentido estrito para essa criminalização. O instrumento penal, infelizmente, é necessário para o enfrentamento do fenômeno do terrorismo. Não que se creia que o Direito Penal possa "eliminar" a prática dessa espécie abominável de conduta humana. No entanto, não há outro remédio para o caso, sendo o Direito Penal um mal necessário. Por isso reafirma-se que havia nesse vácuo legislativo de muitos anos uma inconstitucionalidade e inconvencionalidade por *insuficiência protetiva*. A própria Janaína Paschoal assume que há realmente um núcleo duro no seio do qual os bens jurídicos precisam da proteção penal e não se pode ater somente a outras áreas menos drásticas do Direito:

> "Não se está a dizer com tais reflexões que não exista um mínimo irrenunciável. De fato, a maior parte dos autores que aborda a matéria não consegue, por exemplo, conceber a ausência de tutela penal para o bem jurídico vida. O que se está a aduzir é que esse mínimo não resulta apenas do fato de a Constituição reconhecer o bem jurídico vida como sendo caro à sociedade, mas, sim, da constatação de que a tutela de tal natureza é considerada concretamente necessária para aquele bem".[5]

Obviamente que esse *núcleo duro irrenunciável ou mínimo irrenunciável* de criminalização abrange condutas como a tortura, o racismo, o *terrorismo,* dentre outras. É evidente que sanções civis e/ou administrativas não seriam suficientes para enfrentar um problema como o do terrorismo. O próprio Direito Penal encontra dificuldades ingentes para esse enfrentamento. Os demais ramos do Direito seriam pífios nessa empreitada inglória.

A realidade é que o terrorismo é matéria para o sistema criminal, entendendo-se este, na esteira de Huertas, como

---

5 *Op. Cit.*, p. 148.

"o conjunto de instituições estatais e respectivas atividades que intervêm na criação e na aplicação das normas penais, estas concebidas em seu sentido mais extenso, vale dizer, tanto disposições substantivas quanto procedimentais".[6]

Pode-se afirmar que a Política Criminal nacional e mundial apontam para a remessa do problema do terrorismo também (embora obviamente não exclusivamente) para o campo do sistema penal. A Política Criminal é uma estratégia que se adota frente a uma realidade ou problema concreto e está sempre condicionada por alguma ideologia, mergulhada na história que a envolve e em fatores culturais e sociais. Nesse meio, a Política Criminal emerge como um conglomerado de "princípios e recomendações para a reforma da legislação criminal e dos órgãos encarregados de sua aplicação".[7]

Nessa toada o advento da Lei 13.260/16, ao menos formalmente, vem atender não somente a uma indicação constitucional e convencional de criminalização do terrorismo, mas a uma verdadeira necessidade dessa medida, até mesmo preventivamente antes que nosso país seja pego de surpresa por atos bárbaros que careçam de uma devida tipificação criminal, deixando os operadores do Direito ao léu e necessitando adaptar a legislação penal vigente a casos concretos que melhor seriam tratados por uma lei especial.

---

6   HUERTAS, Sandoval. *Sistema Penal y Criminologia Crítica*. Bogotá: Temis, 1994, p. 6.
7   BATISTA, Nilo. *Introdução Crítica ao Direito Penal*. Rio de Janeiro: Revan, 1990, p. 34.

Capítulo IV

CONCEITO DE TERRORISMO E TERRORISMO INTERNACIONAL

No que se refere à conceituação de terrorismo, sempre houve bastante polêmica, mas pode-se afirmar que duas correntes básicas se conformaram na discussão:

A posição mais tradicional é aquela que aponta para a impossibilidade de definição ou conceituação. Doutra banda, embora reconhecendo ingentes dificuldades para a conceituação de terrorismo, entende-se ser possível superar as barreiras relativas à característica multifária do fenômeno e buscar uma conceituação razoável.

A verdade é que é desejável a busca de uma definição, especialmente no âmbito jurídico, do que seja "terrorismo", pois, conforme salienta Magnoli,

> "a proliferação de definições contribui, obviamente, para a manipulação oportunista do termo, ao sabor dos interesses políticos de partidos, Estados e organizações internacionais".[1]

Citando Iureta Gojena, Sznick demonstra a dificuldade inerente à conceituação do delito em destaque:

> "El terrorismo es uno de esos vocabulos que se llaman aureolados, cuyo contenido hasta a hora nadie ha podido precisar. Este delito es tan vago, tan abstracto, que siento certa inquietude de

---

[1] MAGNOLI, Demétrio. *Terror Global.* São Paulo: Publifolha, 2008, p. 19.

darle entrada a la jurisdición mundial, para castigar um delito cuja esfera de acción, cuyos limites no se han podido precisar hasta a hora con la justeza necessária".[2]

Alguns dos principais traços a criarem barreiras a uma definição precisa do terrorismo é a variabilidade das condutas que pode abarcar, bem como a maleabilidade ideológica daquilo que se possa pretender, em dado local e época, denominar "terrorismo".

Por exemplo, o elemento da violência pode estar em regra presente em atos terroristas, mas não necessariamente. As práticas que podem receber o rótulo de terroristas são muito variadas e cada vez podem se expandir mais com o desenvolvimento tecnológico (explosivos, uso de energia elétrica, internet, informática, eletrônica, armas químicas, armas atômicas, armas biológicas, entre outros). Não bastasse isso, os fins ou motivações dos atos terroristas podem variar muito também. O objetivo de ordem política é comum, mas há também o religioso ou ambos entrelaçados, questões étnicas, raciais etc. Por isso tudo, há um risco muito grande que uma legislação sobre terrorismo possa ser manipulada por interesses dominantes tão somente a fim de oprimir e sufocar minorias ou movimentos questionadores do "status quo".

Sznick apresenta exemplos de definições de terrorismo levadas a efeito em conferências e fóruns internacionais:[3]

Segundo a Conferência de Varsóvia, seria terrorismo o "emprego intencional de qualquer meio capaz de fazer correr um perigo comum".

É interessante essa definição porque a palavra "intencional" tem a virtude de deixar claro que o terrorismo deve referir-se a condutas dolosas. Não obstante, trata-se de uma definição que nada define por ser por demais aberta, impossibilitando uma delimitação semanticamente aceitável do termo.

Essa dificuldade em apresentar uma definição abstrata ou genérica do termo "terrorismo" levou à tentativa de procurar um caminho de previsão de condutas de forma casuística, ensejando cada um dos caminhos acima citados obstáculos diversos. O critério conceitual genérico

---

2   SZNICK, Valdir. *Comentários à Lei dos Crimes Hediondos*. 3ª. ed. São Paulo: Leud, 1993, p. 162.
3   *Op. Cit.*, p. 163 – 165.

é muito elástico e acaba não cumprindo a função de fornecer uma definição segura do que se pode ou não considerar abarcado pela ideia de "terrorismo". Por outra banda, o critério de previsão casuística de condutas, empresta maior respeito ao Princípio da Legalidade, mas também deixa frequentemente de fora de suas previsões condutas que deveriam ali estar elencadas. Portanto, não somente o excesso de abrangência (critério conceitual geral) como também a formulação lacunosa (critério casuístico) são obstáculos a uma definição razoável do termo "terrorismo" e seu emprego especialmente na seara criminal.

Uma das características destacadas para se considerar determinada conduta como terrorista tem sido o fim de provocar alarma e perigo comum. Valdir Sznick cita a definição do espanhol Cuello Calón:

> "Terrorismo significa a criação, mediante execução repetida de delitos, de um estado de alarme ou de terror na coletividade, ou em certos grupos sociais, para impor ou favorecer a difusão de determinadas doutrinas sociais ou políticas".[4]

Fato é que etimologicamente a palavra "terrorismo" advém dos termos latinos "terrere" (tremer) e deterrere (amedrontar).[5]

Pode-se afirmar, portanto que dentre os elementos mais comuns às conceituações estão a criação de uma situação de alarme, medo, um terror concreto e psicológico e as finalidades políticas, sociais, ideológicas ou religiosas.

Outra característica presente no fenômeno em estudo é que "o terror é um método de condução de conflitos assimétricos". Seja o grupo terrorista ou o terrorista individual, ambos se reconhecem como "uma minoria incapaz de desafiar o poder nos termos postos pelas regras da política ou da guerra". Em razão disso, tais regras são repudiadas "em nome de uma causa ou princípio maior".[6] Dessa forma, o terrorismo acaba se conformando dentro de uma contradição porque é,

---

4   *Op. Cit.*, p. 167.
5   PRADO, Luiz Regis, CARVALHO, Érika M. Delito Político e terrorismo. Disponível em www.professorregisprado.com, acesso em 29.06.2016.
6   MAGNOLI, Demétrio. *Op. Cit.*, p. 20 – 21.

concomitantemente, "a negação da política", mas se orienta e organiza quase sempre "na esfera da política".[7]

Como salienta José Gomes Sobrinho Júnior, pode parecer uma tautologia, mas o terrorismo será catalogado como "internacional" quando tiver em mira alvos internacionais ou tiver alcance internacional. O autor sobredito se vale das lições de Heleno Fragoso para estabelecer o que seria essa característica internacional do terrorismo, alinhando o seguinte: *a) o agente e a vítima são cidadãos de diferentes países; (b) a ação é realizada, no todo ou em parte, em mais de um Estado.*[8]

Nesse passo, conforme salienta Ferreira, adquirindo o terrorismo uma feição internacional, poderá, eventualmente, adentrar na competência do Tribunal Penal Internacional seu processo e julgamento.[9] Não obstante, é preciso lembrar-se do "Princípio da Subsidiariedade" que rege o Tribunal Penal Internacional, o qual, nas palavras de Steiner, "tem jurisdição complementar à jurisdição interna dos Estados".[10] Ou seja, o Tribunal Penal Internacional somente irá atuar naqueles casos em que a jurisdição interna dos Estados Membros quedar inerte ou mesmo for conivente com os atos criminosos.

---

7   *Op. Cit.*, p. 23.
8   JÚNIOR SOBRINHO, José Gomes. Terrorismo e leniência legislativa. Disponível em www.jus.com.br , acesso em 29.06.2016.
9   FERREIRA, Vladimir de Campos Pacheco Pires. Terrorismo e Justiça Internacional. Disponível em www.cedin.com.br , acesso em 29.06.2016.
10 STEINER, Silvia Helena F. O Estatuto de Roma do Tribunal Penal Internacional. In: PIOVESAN, Flávia (coord.). *Código de Direito Internacional dos Direitos Humanos Anotado*. São Paulo: DPJ, 2008, p. 1048. Vide artigo 1º do Estatuto de Roma do Tribunal Penal Internacional.

Capítulo V

COMENTÁRIOS AOS DISPOSITIVOS DA LEI 13.260/16

Art. 1º. Esta Lei regulamenta o disposto no inciso XLIII, do art. 5º, da Constituição Federal, disciplinando o terrorismo, tratando de disposições investigatórias e processuais e reformulando o conceito de organização terrorista.

Realmente, conforme já exposto neste trabalho, o artigo 5º, XLIII, CF mencionava desde 1988 o crime de terrorismo como um daqueles equiparados aos crimes hediondos. Entretanto, não havia na legislação brasileira normatização específica a respeito do tema, permanecendo um debate sobre a aplicabilidade do artigo 20 da Lei de Segurança Nacional. Essa situação era de plena insegurança jurídica e necessitava realmente ser enfrentada pelo legislador.

Soa estranho apenas que o artigo 1º, em comento, afirme que a Lei 13.260/16 vem para "disciplinar" (sic) o terrorismo. Obviamente o objetivo não é "disciplinar" o terrorismo, o que seria de todo absurdo, seja pela impropriedade da empreitada, seja por sua absoluta impossibilidade. O que a lei pretende é conceituar, definir e estabelecer os meios de investigação e punição das condutas terroristas. A verdadeira função da legislação é esclarecida quando o dispositivo afirma em seguida que tratará das "disposições investigatórias e processuais", bem como do "conceito de organização terrorista".

Art. 2º. O terrorismo consiste na prática por um ou mais indivíduos dos atos previstos neste artigo, por razões de xenofobia, discriminação ou preconceito de raça, cor, etnia e religião, quando cometidos com a finalidade de provocar terror social ou generalizado, expondo a perigo a pessoa, o patrimônio, a paz pública ou a incolumidade pública.

§ 1º. São atos de terrorismo:

I – usar ou ameaçar usar, transportar, guardar, portar ou trazer consigo explosivos, gases tóxicos, venenos, conteúdos biológicos, químicos, nucleares ou outros meios capazes de causar danos ou promover destruição em massa;

II – (VETADO);

III – (VETADO);

IV – sabotar o funcionamento ou apoderar-se, com violência, grave ameaça a pessoa ou servindo-se de mecanismos cibernéticos, do controle total ou parcial, ainda que de modo temporário, de meio de comunicação ou de transporte, de portos, aeroportos, estações ferroviárias ou rodoviárias, hospitais, casas de saúde, escolas, estádios esportivos, instalações públicas ou locais onde funcionem serviços públicos essenciais, instalações de geração ou transmissão de energia, instalações militares, instalações de exploração, refino e processamento de petróleo e gás e instituições bancárias e sua rede de atendimento;

V – atentar contra a vida ou a integridade física de pessoa;

Pena – reclusão, de doze a trinta anos, além das sanções correspondentes à ameaça ou à violência.

§ 2º. O disposto neste artigo não se aplica à conduta individual ou coletiva de pessoas em manifestações políticas, movimentos sociais, sindicais, religiosos, de classe ou de categoria profissional, direcionados por propósitos sociais ou reivindicatórios, visando a contestar, criticar, protestar ou apoiar, com o objetivo de defender direitos, garantias e liberdades constitucionais, **sem prejuízo da tipificação penal contida em lei**.

1) CRITÉRIO DE DEFINIÇÃO

A legislação brasileira sob comento elegeu o critério de definição casuística das condutas que configuram atos de terrorismo. Uma descrição básica da prática e seus elementos subjetivos vem no "caput" do artigo 2º, e o § 1º arrola taxativamente quais são os atos de terrorismo. Obviamente, por força do Princípio da Legalidade, não cabe analogia em relação a condutas similares, mas não expressamente descritas no dispositivo penal.

2) ELEMENTOS BÁSICOS DE CARÁTER OBJETIVO E SUBJETIVO DESCRITOS NO "CAPUT"

Os crimes de terrorismo não são de concurso necessário ou plurisubjetivos. São unisubjetivos ou de concurso eventual, pois que a lei explicita que podem ser praticados por um ou mais indivíduos. Claro que o concurso de agentes eventual é previsto, mas não é imprescindível para a caracterização de uma conduta como terrorista.

Mas, quais são os atos que podem ser considerados como de terrorismo. O artigo 2º, "caput" afirma que são aqueles arrolados nos seus incisos. Esses incisos são os de números I, IV e V, vez que os incisos II e III foram vetados no decorrer do processo legislativo.

A análise do conteúdo das condutas previstas nos incisos supramencionados far-se-á mais adiante. Por agora importa verificar que qualquer dessas condutas deve ser orientada por um dolo específico descrito no artigo 2º, "caput". Na realidade, o dolo específico dos crimes de terrorismo é bipartido. Exigem-se duas motivações:

A primeira é que o agente atue por "xenofobia", "discriminação" ou "preconceito de raça, cor, etnia ou religião".

A "xenofobia" consiste na versão ao estrangeiro ou por qualquer indivíduo estranho ao meio de convivência. Fala-se inclusive em "xenofobia externa" (referente a estrangeiros) e "xenofobia interna" (aversão a pessoas do mesmo país ou estado, mas oriunda de regiões diversas).

A "discriminação" se revela quando há um tratamento diferenciado contra certas pessoas ou grupos. Obviamente se está aqui a tratar da chamada "discriminação negativa", em que tratamentos desiguais são dados a fim de aviltar, ofender, ferir ou mesmo matar ou eliminar indivíduos ou agrupamentos.[11]

Finalmente, pode mover o agente o "preconceito de raça, cor, etnia ou religião". Não se deve confundir o disposto na Lei 13.260/16 com os crimes de racismo previstos na Lei 7.716/89. Ali a questão está ligada a tipos penais que configuram em geral uma restrição de acesso a bens, serviços, benefícios, direitos etc. das pessoas devido a um preconceito dessa natureza. No terrorismo os alvos de ataque são selecionados pelo preconceito acima, mas as condutas não se resumem a uma espécie de barreira ao acesso de benesses. As condutas são marcadas pela violência e o terror nos termos do artigo 2º, § 1º, I, IV e V, da Lei 13.260/16.

Pois bem, cabe agora lembrar o que foi acima afirmado, ou seja, que o dolo específico dos crimes de terrorismo se biparte. Não basta que o agente atue com preconceito, xenofobia ou discriminação. Isso deve ser perpetrado com ainda outro fim também específico, qual seja, o de infundir "terror social ou generalizado, expondo a perigo pessoa, patrimônio, a paz pública ou a incolumidade pública".

Como se verá, inclusive pela análise dos incisos descritivos dos atos de terrorismo, o perigo exigido para o tipo penal é concreto. Tanto é fato que está descrito expressamente no dispositivo. Na lição de Figueiredo Dias:

"Nos crimes de **perigo concreto** *o perigo faz parte do tipo*, isto é, o tipo é preenchido quando o bem jurídico tenha *efetivamente* sido posto em perigo" (grifos no original).[12]

Desde logo, é possível vislumbrar que o terrorismo é um crime complexo, o qual visa à proteção de vários bens jurídicos, sendo eles: a pessoa em seus vários aspectos (integridade físico – psíquica, vida,

---

11 À "discriminação negativa" se opõe a chamada "discriminação positiva", em que um tratamento diferenciado é dado a certos grupos ou indivíduos, mas visando apenas promover à igualdade material para além da igualdade formal prevista em lei. São exemplos de discriminação positiva o tratamento de atendimento preferencial a idosos e gestantes, determinação de acessibilidade para deficientes em logradouros públicos etc.

12 DIAS, Jorge de Figueiredo. *Direito Penal*. Tomo I. São Paulo: RT, 2007, p. 309.

liberdade etc.); o patrimônio, seja ele público ou privado; a paz pública e a incolumidade pública.

É de ressaltar que o mero atentado a esses bens jurídicos pelos motivos acima expostos já é o bastante para a configuração do crime consumado, pois não há exigência do dano efetivo. Esse dano, por seu turno, se ocorrer efetivamente, não configurará mero exaurimento ou "post factum" não punível, mas levará ao concurso material com crimes de dano tais como lesões corporais, homicídio etc. Isso se conclui de acordo com o preceito secundário (descrição da pena), em que se diz que a reprimenda é de "reclusão, de doze a trinta anos, *além das sanções correspondentes à ameaça ou à violência*" (grifo nosso).

No que tange à reprimenda em concurso material fica uma dúvida a ser dirimida, a qual certamente gerará ao menos duas linhas interpretativas. No caso de haver, por exemplo, um atentado terrorista com resultado de duzentas mortes, será aplicado o concurso material simplesmente, respondendo o autor por terrorismo e por duzentos homicídios qualificados? Ou haverá sim o concurso material, mas considerando os duzentos homicídios como crime continuado, ou seja, aplicando a pena cumulada de um homicídio com o acréscimo de 1/6 a 2/3 (artigo 71, "caput", CP) ou triplicada (artigo 71, Parágrafo Único, CP)?

Fato é que a lei estabelece o concurso material e é silente quanto à questão da continuidade delitiva. Por isso a dúvida. Acaso se opte pela aplicação da continuidade, parece que o mais correto, na grande maioria dos casos, é a opção do julgador por triplicar a pena, dada a gravidade da conduta do terrorismo e suas aberrantes consequências. No entanto, tendo em vista que o legislador não mencionou a questão da continuidade e determinou o cúmulo material, entende-se que o mais correto é a aplicação pura e simples desse cúmulo, mesmo porque não parece proporcional que a prática de terrorismo em tão larga escala e com consequências tão funestas mereça o reconhecimento de qualquer benesse.

Observa-se que o concurso material ocorrerá, segundo o dispositivo, nos casos de violência ou grave ameaça à pessoa. Em casos de danos patrimoniais ou outros crimes de perigo abstrato ou mesmo concreto haverá exaurimento (no primeiro caso) e absorção no segundo. Isso porque o preceito secundário da norma, como já demonstrado, somente fala na cumulação das penas pela "ameaça ou violência".

Por exemplo: numa explosão terrorista ocorrem mortes (concurso material com o crime de homicídio qualificado). Quanto aos danos materiais provocados, haverá exaurimento. Finalmente no que se refere ao delito de "explosão" (artigo 251, CP), esse será absorvido como "crime – meio". Além do Princípio da Consunção a indicar esta solução, há ainda o Princípio da Especialidade, vez que o crime de explosão é genérico, enquanto que a norma que prevê os crimes de terrorismo é específica. Não se olvide ainda o Princípio da Subsidiariedade que indica que os crimes de perigo comum ou individual previsto no Código Penal Brasileiro são subsidiários e, portanto, afastados quando em confronto com infrações penais de maior gravidade.

Uma observação interessante quanto à conformação do crime de terrorismo na Lei 13.260/16 é que a inclusão da especial finalidade de motivação xenófoba, discriminatória ou preconceituosa, torna o âmbito de alcance da norma bastante restrito. Por exemplo: se levamos em conta os atos de violência, explosões, danos, depredações, incêndios perpetrados pela Organização Criminosa PCC (Primeiro Comando da Capital) em São Paulo nos idos de 2006, não é possível afirmar que se ocorressem hoje configurariam terrorismo. Por incrível que pareça, já que, sem dúvida alguma, satisfazem as demais descrições típicas e inclusive um dos elementos subjetivos que é o intento de ocasionar "terror social generalizado". Não obstante, não satisfazem a especial motivação xenófoba, discriminatória ou preconceituosa. Outro exemplo, agora retirado do cinema, é aquele do filme de David Fincher, "Clube da Luta", estrelado por Brad Pitt e Edward Norton, no qual um psicótico, em surto de dupla personalidade com seu alter ego, acaba criando uma verdadeira rede terrorista promotora de atentados à bomba que culminam com a explosão dos prédios de duas instituições financeiras de grande porte.[13] Note-se que novamente a questão do terror generalizado está satisfeita, mas, no Brasil, nada disso poderia ser abrangido pela lei antiterror, já que não há motivação xenófoba, discriminatória ou preconceituosa, mas meramente político–ideológica. Trata-se, portanto, de uma falha da legislação brasileira, certamente motivada pelo açodamento na elaboração do projeto e sua votação, tendo em vista a

---

13 FINCHER, David. Clube da Luta ("Fight Club"). *Fox Pictures e Regency Enterprises*.2010.

proximidade das Olimpíadas. Além disso, há claramente o elemento, tão comum em nossa cultura mimética, de fazer transplantes indevidos de modelos estrangeiros para nossa realidade. No Brasil os atos de violência com característica terrorista motivados por xenofobia, discriminação e preconceitos variados são praticamente inexistentes, ao reverso do que ocorre em outros locais. Nada impediria, "ad cautelam", que essas condutas também fossem previstas enquanto elemento subjetivo. No entanto, o dolo deveria, no caso brasileiro, ser mais aberto a outras motivações genéricas. É claro que atos como aqueles perpetrados pelo PCC em 2006 e, ainda hoje, em ataques pulverizados país afora, não ficarão impunes em face da legislação brasileira (v.g. homicídio, danos, incêndio, explosão etc.). O problema é que não configurarão o crime específico de terrorismo no qual deveriam estar incursos.

4) OS ATOS DE TERRORISMO – § 1º, I, IV e V

O inciso I já apresenta o primeiro ato de terrorismo, descrevendo conduta que configura tipo penal denominado doutrinariamente como tipo misto alternativo, crime de conteúdo variado ou de ação múltipla, porque possui vários verbos.

As condutas descritas nos seis verbos são ligadas a sete objetos materiais. Os verbos são "usar, ameaçar usar, transportar, guardar, portar e trazer consigo". Praticamente as condutas são autoexplicativas. Vale apenas destacar aquela que se refere a "ameaçar usar". Nesse caso, o agente não precisa efetivamente utilizar, por exemplo, o explosivo, mas apenas fazer a menção ameaçadora dessa conduta, já se configurando o ato de terrorismo, desde que agregado aos elementos objetivos e subjetivos do artigo 2º, "caput". Realmente, na prática terrorista, nem sempre o ato em si é o que mais importa, mas sim a expectativa que esse ocasiona na população vitimizada. Dessa forma, ameaçar explodir um local público ou ali contaminar com gases venenosos pode implantar um terror similar ao ato em si, o que justifica a equiparação.

Os objetos materiais do tipo são "explosivos, gases tóxicos, venenos, conteúdos biológicos, químicos, nucleares ou outros meios capazes de causar danos ou promover destruição em massa". Há nesse ponto uma clara técnica de interpretação analógica. O legislador dá exemplos casuísticos inicialmente (explosivos, gases tóxicos, venenos, conteúdos biológicos, químicos ou nucleares) e fecha com uma fórmula genérica consistente na expressão "outros meios capazes de causar danos ou promover destruição em massa".

Releva distinguir o dispositivo da lei antiterror do tipo penal previsto no Estatuto do Desarmamento (Lei 10.826/03) em seu artigo 16, Parágrafo Único, III, assim versado:

"Possuir, deter, fabricar ou empregar artefato explosivo ou incendiário, sem autorização ou em desacordo com determinação legal ou regulamentar".

Além da divergência dos verbos, é preciso atentar para o fato de que todas as condutas que conformam atos de terrorismo devem se adequar ao dolo específico bifronte previsto no artigo 2º. da Lei 13.260/16, conforme acima já explicado. Já o crime previsto no Estatuto do Desarmamento é de dolo genérico.[14] O mesmo se pode afirmar em relação ao derrogado artigo 253 do Código Penal, que trata de matéria similar.[15] E ainda dos crimes de perigo comum em geral previstos também no Código Penal em seu Título VIII, Capítulo I (artigos 250 a 266, CP).

Visto que vetados os incisos II e III por descreverem condutas redundantes já abrangidas pelos demais incisos,[16] parte-se para a análise do inciso IV.

Novamente é previsto um tipo misto alternativo, de conteúdo variado ou de ação múltipla. A conduta é referente a sabotar ou apoderar-se de instalações e serviços variados estratégicos para o bom funcionamento da vida social, do mercado, da produção, da comunicação e outras atividades básicas do cotidiano. A sabotagem ou apoderamento desses meios certamente acarreta uma situação de pânico, terror e apreensão generalizados, afora os prejuízos pessoais e econômicos correlatos.

A lei descreve a conduta (verbos), os meios e os objetos materiais.

A primeira conduta consiste em "sabotar", ou seja, danificar propositadamente, prejudicar de forma oculta e insidiosa. A segunda se

---

14   MARCÃO, Renato. *Estatuto do Desarmamento*. São Paulo: Saraiva, 2008, p. 133.
15   *Op. Cit.*, p. 135.
16   Vide "razões do veto" na "Mensagem 85, de 16 de março de 2016". Disponível em http://www.planalto.gov.br/ccivil_03/_Ato2015-2018/2016/Msg/VEP-85.htm, acesso em 07.09.2016.

refere ao apoderamento, significando apossar-se ou assumir a posse ou o controle de algo.

Acontece que a prática dessas condutas não pode se dar de qualquer forma, pois que a legislação estabelece minuciosamente os meios que devem ser empregados pelo agente, quais sejam:

a) violência contra a pessoa;

b) Grave ameaça contra a pessoa;

c) Por meio de mecanismos cibernéticos.

Esses meios podem ser empregados isolada ou conjuntamente, ou seja, o agente pode usar somente, por exemplo, de violência à pessoa ou de violência e grave ameaça, bem como de violência e grave ameaça à pessoa e ainda meios cibernéticos.

A violência e a grave ameaça devem ser empregadas contra pessoa, não servindo a prática de eventuais danos materiais contra coisas, como arrombamentos, destruições de obstáculos etc. Essa violência pode variar desde simples vias de fato, passando por lesões corporais até a prática de homicídio. A grave ameaça se configura com a manifestação do propósito de causar mal injusto e grave à pessoa ou a terceiro (v.g. afirmar que vai agredir ou matar a pessoa, seus familiares, cônjuge, amigos etc.).

Quanto aos mecanismos cibernéticos, serão aqueles que possibilitem por via da informática ou telemática, remota ou presencialmente, a sabotagem, apoderamento e/ou controle total ou parcial das instalações ou serviços estratégicos arrolados no tipo como objetos materiais. Afinal o termo "cibernética" está diretamente ligado a questões de comunicação e controle em sistemas mecânicos ou vitais. E conforme lembra Magalhães:

> "Líderes radicais vêm se utilizando de meios digitais sem precedentes para recrutar 'soldados', divulgar amplamente propagandas do grupo e articular ataques. Tudo em tempo real. Foi o que levou os Estados Unidos a chamarem suas ações de 'terrorismo viral'".[17]

---

17 MAGALHÃES, Naiane Freire de. Elementos de investigação do terrorismo no âmbito do Direito Comparado: garantias X eficácia. *Boletim IBCcrim*. n. 287, out., 2016, p. 16.

A palavra "cibernética" foi cunhada por Norbert Wiener (1894 – 1964), partindo de um vocábulo grego que significa timoneiro, piloto de um navio. A ideia transmitida é do estudo de mecanismos de autorregulação encontráveis em sistemas estáveis de qualquer natureza (mecânica, elétrica ou biológica). A origem grega está em "Kybernetike", que tem o significado de "governança", ou seja, tudo que pertine ao "kybernao", cujo significado é "conduzir, navegar ou governar". Dessa forma, "kibernesis" significa "governo" e "kybernetes" significa "aquele que governa" ou o "capitão".[18]

Neste ponto, vale novamente salientar que a limitação do elemento subjetivo específico que demanda a motivação xenófoba, discriminatória ou preconceituosa torna inaplicável a legislação sob comento a ataques, cada vez mais comuns, operados a *sites* e aparatos informáticos de entidades governamentais por grupos de protesto ou mera anarquia.

O controle obtido das instalações ou serviços, por qualquer via indicada, pode ser total ou parcial, definitivo ou temporário.

E quais são essas instalações e serviços? Melhor dizendo, quais são os objetos materiais da conduta incriminada?

Eles são elencados no inciso IV, do artigo 2°, § 1°, da Lei 13.260/16:

a) Meios de Comunicação (rádio, TV, jornais, serviços de telefonia móvel ou fixa, internet etc.);

b) Meios de transporte (v.g. metrô, linhas de ônibus etc.);

c) Portos;

d) Aeroportos;

e) Estações Ferroviárias;

f) Estações Rodoviárias;

g) Hospitais;

h) Casas de Saúde;

i) Escolas;

j) Estádios Esportivos;

---

18 WIENER, Norbert. Cybernetics. In: HARDIN, G. (org.). Science, Conflit and Society (readings from Scientific American).San Francisco: W. H. Freeman and Company, 1969, p. 119 – 125.

k) Instalações públicas ou locais onde funcionem serviços públicos essenciais (v.g. Presídios, Delegacias de Polícia, Postos de Saúde, Correios, instalações do Poder Judiciário, Ministério Público, Defensoria Pública, Sedes do Executivo ou Legislativo etc.);

l) Instalações de geração ou transmissão de energia (v.g. hidrelétricas, termoelétricas; usinas nucleares etc.);

m) Instalações Militares (v.g. Bases do Exército, Marinha, Aeronáutica ou mesmo das Polícias Militares);

n) Instalações de exploração, refino e processamento de petróleo e gás;

o) Instituições Bancárias e sua rede de atendimento.

Finalmente, o inciso V apresenta a última conduta que configura ato de terrorismo. Trata-se do atentado contra a vida ou a integridade física da pessoa. Ao usar o singular, deixou clara a legislação que para a configuração de ato terrorista não há necessidade de pluralidade vitimal. Portanto, desde que informada a conduta pelos elementos subjetivos previstos no artigo 2º, "caput", não há diferença se o alvo é uma pessoa específica ou um grupo determinado ou indeterminado de pessoas. É claro que o atingimento ou o intento de atingir um número elevado de vítimas poderá ser levado em consideração pelo juiz no momento de dosimetria da pena–base, nos termos do artigo 59, CP (circunstâncias judiciais).

Observa-se ainda que ao empregar a palavra "atentado", o legislador cria um tipo penal conhecido na doutrina como "crime de atentado, de empreitada ou de empreendimento",[19] sendo fato que não há necessidade de efetiva lesão (morte ou lesão corporal), bastando a prática do ato com o intento de obter esses resultados para configurar o crime já consumado. Vale dizer: se um terrorista detona uma bomba numa praça pública porque ali se acham norte–americanos (xenofobia) e chega a matar e a ferir pessoas, o crime está consumado. Se detona a bomba e não chega a ferir ninguém, também está o crime igualmente consumado. A única diferença será novamente a questão da dosimetria da pena–base, de acordo com o artigo 59, CP, levando em conta o desvalor

---

19 Fernando. *Curso de Direito Penal*. Volume 1. 19ª. ed. São Paulo: Saraiva, 2015, p. 288. Tratam-se de tipos penais "que prevêem a punição da tentativa com a mesma pena do crime consumado.

do resultado que é diverso em cada um dos exemplos (consequências da infração).

De forma geral, pode-se afirmar que o crime de terrorismo previsto no artigo 2º da Lei 13.260/16 é uma espécie de "crime vago", assim entendido aquele "que tem por sujeito passivo ente sem personalidade jurídica",[20] ou seja, uma coletividade difusa e indeterminada. Nenhuma dúvida pode pairar quanto a isso em relação às condutas dos incisos I e IV. Quanto ao inciso V, pode ocorrer, variando casuisticamente, que haja vítima(s) determinada(s) antes ou após a prática delitiva. Mas, também pode acontecer que não seja possível identificar o alvo específico do agente, em nada alterando a tipificação legal. Pode, por exemplo, ocorrer um atentado contra um indivíduo determinado acenando com a finalidade de intimidação contra pessoas que defendam os direitos de igualdade racial. Então, a vítima seria, ao menos com relação ao atentado em si, determinada e o crime perderia, parcialmente, sua vagueza. No entanto, o atentado pode dirigir-se a qualquer pessoa de forma indeterminada, quando, por exemplo, uma bomba, com o mesmo "recado" é colocada e detonada numa estação de metrô. Mesmo no primeiro caso, em que, por exemplo, um conhecido militante é o alvo concreto, a ação globalmente analisada do terrorista ou grupo terrorista não atinge e nem visa somente àquele que morre, sofre o atentado ou é diretamente lesado fisicamente. Há sempre presente o intuito de ocasionar "terror social ou generalizado". Dessa maneira, pode-se afirmar com bom grau de segurança que em geral o crime de terrorismo é vago.

5) A CLÁUSULA OU NORMA DE CONTENÇÃO DO TIPO PENAL OU DE EXCLUSÃO DE TIPICIDADE PREVISTA NO ARTIGO 2º, § 2º.

É possível afirmar que, se por um lado o tipo penal previsto no artigo 2º da Lei 13.260/16 encontra limitação ingente devido aos seus elementos subjetivos específicos motivacionais (xenofobia, discriminação e preconceito), por outro lado a abundância de verbos que descrevem as condutas constituintes de atos terroristas, bem como sua abertura às mais variadas interpretações, poderia dar azo a abusos autoritários,

---

20   BARROS, Flávio Augusto Monteiro de. *Direito Penal*. Volume 1. 8ª. ed. São Paulo: Saraiva, 2010, p. 183.

ensejando a própria lei antiterrorismo uma brecha para a instalação daquilo que se abordou no capítulo primeiro deste trabalho como "Terrorismo de Estado".

Seria muito fácil pretender tipificar condutas de pessoas ou grupos como terroristas quando, na verdade, estão engajadas em atividades sindicais, políticas, sociais, classistas, religiosas, profissionais etc., visando protestar, lutar ou defender direitos ou reivindicar. Isso seria procedido sempre que tais movimentos fossem contrários aos eventuais detentores do poder estatal e seus interesses. Afinal, como bem lembra Martins, a luta pelo poder é marcada por certo atavismo:

> "Uma autêntica teoria do poder parte do princípio de que quem o pretende, deseja-o por um instinto de sobrevivência que repercute numa ambição sem limites pelo comando e pelo exercício do domínio, que se encontra em todas as esferas da vida humana".[21]

Assim sendo, é mister que haja realmente uma norma de contenção para evitar que a Lei antiterror se converta em instrumento de perseguição, intimidação, domínio e, enfim, cerceamento e efetiva destruição de direitos e garantias fundamentais imprescindíveis à caracterização de um Estado Democrático de Direito.

Um exemplo típico do uso do pretexto do "terrorismo" para oprimir as pessoas foi a condenação à morte por fuzilamento em Cuba, em 2003, de sequestradores de uma balsa que não causaram ferimento em ninguém, mas apenas se apossaram da embarcação com o intuito de utilizá-la para se evadirem da ilha.[22]

Não é possível admitir que, sob o pretexto da segurança pública, da segurança nacional, da ordem pública ou seja lá de que expressão equívoca se pretenda utilizar, seja possível afrontar as liberdades basilares do homem. E a verdade é que o fenômeno do terrorismo, exatamente pelo pânico e sensação de insegurança que enseja, tem a qualidade

---

21   MARTINS, Ives Gandra da Silva. *Uma Breve Teoria do Poder*. 2ª. ed. São Paulo: RT, 2011, p. 14.
22   MAGNOLI, Demétrio. *Terror Global*. São Paulo: Publifolha, 2008, p. 19. Diga-se de passagem, que Cuba certamente é um dos melhores exemplos de "terrorismo de Estado" moderno.

de ocasionar uma boa oportunidade para a conversão de excepcionalidades em regras, subvertendo qualquer traço de proporcionalidade ou razoabilidade. Como bem aponta Agamben, o "estado de exceção" se transformou num modelo ou "paradigma de governo".[23]

Tanto é fato que em pleno século XXI

> "se tem assistido a mais cerceamento de liberdade do que na última década do século XX. A pretexto da segurança do Estado, os direitos individuais foram atingidos com maior força, principalmente após o ataque terrorista às 'torres gêmeas' nos Estados Unidos".[24]

É evidente que a sociedade somente pode sobreviver com uma grande dose de ordem e segurança. Sem isso sequer os sistemas que permitem o exercício de liberdades e atividades sociais básicas (v.g. direito de ir e vir, livre expressão, lazer, negócios etc.) seriam exequíveis pelas pessoas. Um mundo de medo e terror é um mundo paralisado. Mas, não é somente o terror privado que paralisa. Também igualmente ocorre com o "Terror de Estado". Dessa forma, se há interesse num Estado Democrático de Direito, no qual certas liberdades são irrenunciáveis, é preciso conviver, como em qualquer sistema (até mesmo biológico) com certo grau de desordem. Por isso liberdade e segurança estarão sempre em determinado grau aceitável de conflito, sem, porém, poder passar esse grau de um limite crítico, cujo resultado ou é a anarquia, em que morre a liberdade, ou o autoritarismo, em que também fenece a mesma liberdade.

É interessante a lição de Potter:

> "Desordem é a força a ser utilizada, a matéria–prima para a criatividade. O problema é aproveitá-la e mantê-la dentro dos limites da razão, isto é, ser racional sobre a irracionalidade. Um estudo minucioso da biologia da desordem revelaria que ela é normal,

---

23 AGAMBEN, Giorgio. *Estado de Exceção*. Trad. Iraci Poletti. Rio de Janeiro: Boitempo, 2004, p. 11 - 49.
24 MARTINS, Ives Granda da Silva. *Op. Cit.*, p. 78.

não patológica, embora possa aparecer em forma patológica quando extrema".²⁵

Por isso, não é possível aderir ao bordão norte–americano da "guerra contra o terror", tendo como sustentação uma verdadeira "guerra aos direitos humanos".²⁶

Tal qual assevera Panconi, o medo não pode ser convertido em uma "forma de controle social". Entretanto, conforme constata o autor, isso não é nada incomum:

> "Podemos dizer que estamos vivendo em meio a uma guerra civil, marcada pelo caos e pela truculência, em que de um lado está o Estado e os incluídos no neoliberalismo e, de outro, os excluídos desse sistema, que seriam o preto, o pobre, o favelado e o analfabeto. Os primeiros clamam por medidas repressivas, por penas mais rigorosas, mais armamento para policiais, mais restrições aos presos, mais limites às liberdades dos cidadãos. Pregam, desse modo, a instauração de uma política criminal excludente e genocida, que acaba por revelar, desnudar o complexo conflito social que as classes dominantes insistem em descontextualizar e simplificar, redefinindo-o como mero caso penal, como problema de polícia. Por esse caminho semeiam-se, única e exclusivamente, a desordem e a barbárie, passando-se a verificar uma intervenção punitiva irracional e arbitrária".²⁷

Nesse quadro é bastante plausível que uma lei antiterror, se não dotada de uma eficiente norma de contenção e sua devida aplicação parcimoniosa, possa se transformar em instrumento de descontextualização, simplificação e repressão exacerbada, atingindo mortalmente direitos como a liberdade de pensamento, manifestação, consciência, crença, reunião, imprensa, cátedra etc.

---

25   POTTER, Van Rensselaer. *Bioética ponte para o futuro*. São Paulo: Loyola, 2016, p. 50.
26   DELMAS – MARTY, Meirelle. The paradigm of war on crime. Legitimating inhuman treatment? *Criminal Justice*. n. 5, jul., 2007, p. 584 - 598.
27   PANCONI, Felipe Rocha. O medo como forma de controle social. *Boletim IBCCrim*. n. 278, jan., 2016, p. 18 – 19.

Todorov bem salienta que não está na pauta democrática a criação de um "paraíso na Terra". Isso, muito ao reverso, é típico de regimes ditatoriais e, especialmente, totalitários. No sistema democrático

> "a imperfeição de toda ordem social é considerada como um dado prévio. Mas, por outro lado, as democracias tampouco se confundem com os regimes tradicionalistas e conservadores, nos quais se pensa que nenhuma regra imposta pela tradição deve jamais ser questionada. Elas recusam as atitudes fatalistas de resignação. Essa posição intermediária autoriza interpretações divergentes, mas pode-se dizer que toda democracia implica a ideia de um melhoramento possível da ordem social, de um aperfeiçoamento graças aos esforços da vontade coletiva".[28]

A cláusula de contenção prevista no § 2º, do artigo 2º da Lei 13.260/16 afasta a tipicidade da conduta de forma direta e imediata. Não se trata de mera exclusão da antijuridicidade e muito menos da culpabilidade. Diz a norma que a tipificação de terrorismo "não se aplica" às pessoas ou coletivos "em manifestações políticas, movimentos sociais ou reivindicatórios" que visem "contestar, criticar, protestar ou apoiar", tendo por fim a defesa de "direitos, garantias e liberdades constitucionais". Ora, seria mesmo um despautério que tais direitos, garantias e liberdades fossem constitucionalmente estabelecidos e, ao mesmo tempo, se reprimisse gravemente qualquer pessoa ou grupo que os pretendesse fazer valer, ainda que por meio de manifestações um tanto quanto contundentes. Permitir que essa espécie de conduta fosse catalogada como "terrorista" seria o mesmo que fazer tábula rasa de todo o sistema garantista constitucionalmente erigido que, consequentemente, transformar-se-ia numa espécie de "faz de conta", em que a frase emblemática, configurada como Princípio Fundamental Constitucional (artigo 1º, Parágrafo Único, CF), de que todo poder emana do povo e em seu nome deve ser exercido, seria (se mesmo hoje já não o é) uma verdadeira piada de mau gosto.

Olhando mais de perto, percebe-se que, mesmo sem a cláusula de contenção, o elemento subjetivo específico a exigir motivação xenófoba,

---

28 TODOROV, Tzvetan. *Os Inimigos Íntimos da Democracia*. Trad. Joana Angélia D'Ávila Melo. São Paulo: Companhia das Letras, 2012, p. 17.

discriminatória ou preconceituosa já eliminaria a possibilidade de repressão como "terrorismo" da grande maioria desses movimentos.

De qualquer forma, é salutar que atos como a ocupação de escolas por estudantes em protesto contra ato governamental arbitrário e unilateral jamais possam ser catalogados como "terroristas", seja por que meio for. O mesmo se diga sobre passeatas, manifestações públicas, inclusive com eventuais danos colaterais de perturbação de tranquilidade pública, do trânsito viário, do acesso a prédios públicos etc. Fato é que a reivindicação e o protesto têm de ser o mais livres possíveis num ambiente minimamente democrático. Organizações coletivas como Movimentos dos Sem Terra, dos Sem Teto ou outros grupamentos não podem ser taxados como terroristas ou criminosos de plano de forma alguma, por mais que se discorde de suas ideologias, da eficácia de seus programas e até mesmo dos meios escolhidos para seus fins. A tola pretensão de construir uma sociedade destituída de conflitos e divergências é uma utopia abstrata que facilmente pode se converter em uma distopia concreta.

Contudo, "os direitos e garantias constitucionais não podem servir de manto protetor a práticas ilícitas"[29], razão pela qual o texto do próprio artigo 2º, § 2º. da Lei 13.260/16 afirma que o afastamento da aplicação da mesma legislação se dá "sem prejuízo da tipificação penal contida em lei". Isso quer dizer que a lei antiterror não poderá ser utilizada como instrumento de repressão arbitrária a movimentos reivindicatórios, sociais, etc. No entanto, todo direito comporta um exercício regular e um exercício eventualmente abusivo. Os direitos não são, ao menos em regra, absolutos, entrando frequentemente "em concorrência com outros direitos também considerados fundamentais" conforme leciona Bobbio.[30]

Nada mais óbvio, portanto, que se durante uma manifestação ou qualquer ato perpetrado por movimentos sociais em geral, houver a prática de crimes tipificados na legislação brasileira (v.g. danos ao

---

29 HC 103.236, voto do rel. min. **Gilmar Mendes**, j. 14-6-2010, 2ª T, *DJE* de 3-9-2010.
30 BOBBIO, Norberto. *A Era dos Direitos*. Trad. Carlos Nelson Coutinho. 9ª. ed. Rio de Janeiro: Casmpus, 1992, p. 20.

patrimônio público e/ou privado; lesões corporais, porte ilegal de armas; disparo de arma de fogo; homicídio entre outros) caberá a responsabilização especificamente prevista. E essa responsabilização não será afastada devido ao disposto no artigo 2º, § 2º, da Lei 13.260/16. A norma de contenção se refere tão somente à catalogação da conduta como "terrorismo". Estabelece uma "atipicidade relativa", ou seja, não há crime de terrorismo, mas pode haver qualquer outro crime previsto na legislação penal brasileira, desde que satisfeitos seus elementos objetivos, subjetivos e normativos. Não há, assim, nem o poderia, o estabelecimento de uma "atipicidade absoluta" ou a concessão de uma espécie de "carta branca" ou "salvo conduto" para as mais variadas práticas ilegais, desde que sob a pele de movimentos sociais, sindicais etc. Aliás, não se pode olvidar que mesmo condutas terroristas poderão se configurar no bojo de supostos movimentos sociais, desde que se comprove que não são, em verdade, motivados por reivindicações, protestos, críticas, apoio, expressão livre de ideias etc., mas tão somente uma organização criminosa travestida ou disfarçada para o fim exato de se beneficiar da cláusula de contenção. Essa avaliação deve ser criteriosa e cuidadosa para que não haja risco de exacerbação repressiva ou laxismo exagerado. O exemplo mais evidente se encontra em algumas ações do chamado "Movimento dos Sem Terra", no qual não se pode afastar a tipificação clara e evidente de porte ilegal de armas de fogo, lesões corporais, homicídios, sequestro e cárcere privado, furtos, roubos etc. Frise-se, porém, que o caso do MST é um exemplo também de lacuna legislativa no que tange ao estabelecimento do dolo específico para a configuração do terrorismo. Esse movimento, ainda que causando terror e abalo social em dadas situações mediante a prática de infrações penais variadas, não se enquadrará jamais na Lei Antiterror porque não é marcado pela motivação xenófoba, discriminatória ou preconceituosa. O que pode ocorrer, no máximo, é o dolo genérico ou mesmo específico de outros crimes previstos no ordenamento jurídico brasileiro. Agora, se, por exemplo, um grupo supostamente reunido para defender um credo religioso, ainda que mediante atos públicos com certa contundência, o fizer apenas aparentemente, a fim de acobertar, na realidade, um grupo que se destina exatamente à promoção do terror, extrapolando o exercício regular de direitos constitucionais, haverá possibilidade de aplicação da Lei 13.260/16, afora as demais tipificações penais cabíveis à espécie.

Art. 3º Promover, constituir, integrar ou prestar auxílio, pessoalmente ou por interposta pessoa, a organização terrorista.

Pena – reclusão, de cinco a oito anos, e multa.

A Lei 13.260/16 cria uma subespécie de organização criminosa: a "organização terrorista". Já há a previsão da "organização criminosa" na Lei 12.850/13, mais especificamente em seu artigo 1º, § 1º e artigo 2º. Ademais, no artigo 1º, § 2º, II, da Lei 12.850/13 é afirmado que seus dispositivos se aplicam às organizações terroristas, "entendidas como aquelas voltadas para a prática dos atos de terrorismo legalmente definidos". Esse inciso II do artigo 1º, § 2º, da Lei do Crime Organizado foi incluído pela própria Lei 13.260/16. Desse modo, dúvida não pode haver quanto a ser a organização criminosa terrorista uma subespécie de organização criminosa, submetida aos ditames da Lei 12.850/13 em tudo aquilo que não conflitar com a Lei 13.260/16. Ou seja, na lacuna da Lei Antiterror, aplica-se, no que couber, a Lei do Crime Organizado. Há um comando de integração entre os diplomas (inteligência dos artigos 16 e 19 da Lei 13.260/16 c/c artigo 1º, § 2º, II, da Lei 12.850/13 – nova redação).

E, efetivamente, o artigo 3º da Lei 13.260/16 é lacunoso quanto à definição legal do que venha a ser uma "organização terrorista". A verdade é que o termo é apenas mencionado no dispositivo legal, sem qualquer especificidade. Ora, então, para buscar os requisitos de reconhecimento de uma organização criminosa terrorista é preciso abeberar-se na Lei 12.850/13, mais especificamente em seu artigo 1º, § 1º, de maneira que, para que um grupo possa ser considerado como uma "organização terrorista", deverá satisfazer os seguintes requisitos:

a) Associação de quatro ou mais pessoas (crime plurissubjetivo ou de concurso necessário), exigindo um número mínimo de quatro integrantes, sem o que pode até haver prática de crime de terrorismo, mas não em organização terrorista, senão em mero concurso de agentes;

b) Organização estruturada com divisão de tarefas entre seus componentes.

Observa-se que a partir daqui diverge a organização terrorista pelo Princípio da Especialidade da organização criminosa em geral. Na organização terrorista, a finalidade (dolo específico do tipo) é o de cometer atos de terrorismo definidos na Lei 13.260/16 e não a prática de outras infrações penais para obtenção de vantagem de qualquer natureza. Também não é necessário que os atos de terrorismo tenham caráter transnacional, pois que, como já visto neste trabalho, o terrorismo pode ser interno ou externo.

Não parece proceder o entendimento de que a organização terrorista poderia ser caracterizada independentemente dos requisitos supramencionados previstos na Lei 12.850/13, constituindo a Lei 13.260/16 um subsistema independente em termos de organização criminosa. Isso porque a própria Lei 13.260/16 promove clara e evidentemente a sua necessária integração com a Lei 12.850/13, conforme acima demonstrado. Na realidade, a infração penal prevista no artigo 3º da Lei Antiterror é um chamado "crime remetido",[31] pois para sua integração é preciso o complemento dos requisitos do artigo 1º, § 1º , da Lei 12.850/13 para o qual é remetido o intérprete por força do artigo 1º, § 2º, II, da Lei 12.850/13 c/c artigo 19 da própria Lei 13.260/16.

Na mesma senda da organização criminosa (artigo 2º, da Lei 12.850/13) e de outros crimes como, por exemplo a "associação criminosa" (artigo 288, CP), "associação para o tráfico" (artigo 35 da Lei 12.343/06) etc., a "organização terrorista" constitui um crime de empreitada ou empreendimento, bastando a associação para consumação, sem necessidade de efetiva prática de atos terroristas. Em caso da prática de atos terroristas, haverá concurso material de crimes.

Quanto às condutas, há uma quase completa simetria entre o artigo 3º, da Lei 13.260/16 e o artigo 2º, da Lei 12.850/13 no que tange aos elementos objetivos. No caso da organização terrorista, não é prevista a conduta de "financiar", que se encontra na Lei 12.850/13. Isso é compreensível porque o financiamento do terrorismo está descrito no artigo 6º, Parágrafo Único, da Lei 13.260/16 de forma independente. Por outro lado, há, na Lei 13.260/13, a conduta de "prestar auxílio", que não é prevista na Lei 12.850/13.

O artigo 3º, da Lei Antiterror cria mais um tipo misto alternativo de conteúdo variado ou de ação múltipla, pois que se conforma com quatro verbos:

---

31 Aquele cuja "definição se reporta a outros delitos que passam a integrá-lo". BARROS, Flávio Augusto Monteiro de. *Op. Cit.*, p. 183.

– Promover – com significado de dar impulso, trabalhar a favor, favorecer o progresso, fazer avançar, fomentar, diligenciar, causar, originar ou propor. Tem ligação com a própria criação e desenvolvimento da organização;

– Constituir – significa dar a base, formar, compor, organizar, estabelecer, conduta que também é relacionada com a criação da organização. Como a lei não tem palavras inúteis, parece que uma boa interpretação seria que o "promover" estaria mais ligado ao impulso inicial da organização, enquanto que o "constituir" já se referiria aos atos de formação e início de atividades;

– Integrar – significa fazer parte, compor, ser um dos participantes, atuar na organização criminosa;

– Prestar auxílio – cooperar com, auxiliar, ajudar, acolitar.

Observa-se que o verbo "integrar" não pode extrapolar para a prática efetiva de atos de terrorismo, se não acontecerá concurso material de infrações com o artigo 2º, do mesmo diploma. Por seu turno, a conduta de "prestar auxílio" deve se perfazer sem o caráter de financiamento ou investimento econômico na atividade terrorista, o que se adequa não ao artigo 3º da Lei 13.260/16, mas ao seu artigo 6º.

Sendo o crime de conteúdo variado, o infrator pode incidir em mais de um verbo em um mesmo quadro circunstancial, cometendo apenas um crime.

Diz a lei que o ingresso nos verbos sobreditos pode dar-se pessoalmente (quando o indivíduo age diretamente, por si mesmo) ou por interposta pessoa (quando o indivíduo atua por meio de um representante). Obviamente, no caso de haver interposta pessoa, responderão pelo ilícito tanto o representado como o representante, na medida de suas respectivas culpabilidades.

Esboçando uma classificação do crime de organização terrorista pode-se afirmar que é formal, já que não exige resultado naturalístico para a consumação. Seu elemento subjetivo é o dolo específico (visa a prática de atos de terrorismo) e de perigo (perigo abstrato). Trata-se de crime permanente, sendo possível a prisão em flagrante enquanto durar a organização. O delito é comissivo, pois os verbos indicam todos da ação. Também é crime comum, já que pode ser cometido por qualquer pessoa, não se exigindo especial qualidade do sujeito ativo. Tendo em conta a definição legal de "Organização Criminosa" da qual se deve valer o crime do artigo 3º, da Lei Antiterror, o crime é plurissubjetivo ou de concurso necessário, porque exige a participação de, no mínimo, quatro pessoas (a necessária integração com o artigo 1º, § 1º, da Lei 12.850/13 o torna também, como já visto, um crime remetido). Quanto ao sujeito passivo, trata-se de crime vago, já que a vítima é a sociedade em geral que é atingida pela violação ao bem jurídico da paz pública. Não há vítima determinada. Como apenas um bem jurídico é tutelado pela norma (a paz pública), trata-se de crime simples. A tentativa é inviável, seja pelo fato de tratar-se de crime unissubsistente, cuja consumação se dá num único ato, impossível de fracionamento, seja porque se trata de crime de empreitada, em que a consumação já ocorre com aquilo que normalmente seria uma mera cogitação. Embora a organização criminosa seja minuciosamente descrita no artigo 1º, § 1º, da Lei 12.850/13 e as ações do tipo se destinem à sua execução, sendo plenamente aplicáveis ao artigo 3º, da Lei 13.260/16, entende-se que a infração é de forma livre e não vinculada, isso porque a realização dos verbos pode dar-se de qualquer maneira, não havendo previsão específica na lei. Se é feita a indagação perante os verbo: "promover, constituir, integrar ou prestar auxílio como"? Não há resposta no tipo penal. O que existe é uma definição, fora do tipo daquilo que seja organização criminosa terrorista, o que não tem o condão de torná-lo infração penal de forma vinculada. Há outros exemplos na legislação com alguma similaridade. Um caso é o da violação de domicílio. Pode-se praticar o crime de qualquer forma, não havendo vinculação no tipo. No entanto, há uma norma explicativa que diz o que é casa, ou seja, qual o local que deve ser invadido para que o crime se perfaça. Isso, no entanto, não converte a infração em de forma vinculada. Se trata de um crime principal, já que não depende de crime antecedente para sua existência. Também é crime de fato transeunte (ou "delictafactitranseuntis"), pois que não exige exame de corpo de delito para sua comprovação, uma vez que não deixa vestígios materiais. Numa classificação menos usual na doutrina, pode-se dizer que se trata ainda de espécie de "crime obstáculo", consistente em delitos erigidos pelo legislador, visando antecipar a tutela penal no intuito de evitar a prática de outros delitos.[32] É exatamente o caso, pois que se

---

32 GAROFALO, Rafael. *Criminologia: Estudo sobre o delito e a repressão penal*. Trad. Julio de Matos. 4ª. ed. Lisboa: Livraria Clássica, 1925, p. 321.

reprime a formação da organização criminosa terrorista com o objetivo de evitar que essa venha a executar seus fins espúrios que consistem em efetivos atentados de índole terrorista.

Uma questão deve emergir com o tempo. Será que o crime de organização terrorista é também equiparado a hediondo nos termos do artigo 5º, XLIII, CF c/c artigo 2º, da Lei 8.072/90? Ou seja, o crime de organização criminosa é uma espécie de terrorismo?

Em havendo coerência com os posicionamentos doutrinários e jurisprudenciais dominantes no caso similar do tráfico de drogas e da associação para o tráfico, em que a segunda não é considerada hedionda por considerar-se que esse elastério do conceito de tráfico configuraria indevida analogia "in malam partem (TJRJ, Ag. EP 0034048-58.8.19.0000, Rel. Des. Paulo Sérgio Rangel do Nascimento, Dje28.10.2015),[33] é de se presumir que a organização terrorista não poderá também ser equiparada ao terrorismo de acordo com o mesmo raciocínio. Assim sendo, não há possibilidade de inclusão da organização terrorista isoladamente como crime equiparado a hediondo. Crime hediondo equiparado ou "crime hediondo constitucional"[34] seria apenas aquele enquadrável no artigo 2º., § 1º., incisos I, IV e V, da Lei 13.260/16.

Foram vetados os §§ 1º e 2º, do artigo 3º sob comento, os quais descreviam uma espécie de "favorecimento pessoal" àqueles que praticam terrorismo, o que já estaria abrangido no "caput" pela expressão "prestar auxílio".

Também foi vetado o artigo 4º do projeto que previa uma nova espécie de "apologia de crime ou criminoso" de forma especial para o caso dos terroristas e atos de terrorismo. A pena prevista no projeto foi

---

33 GRECO, Rogério. *Leis Penais Especiais Comentadas Crimes Hediondos e Tortura*. Volume 1. Niterói: Impetus, 2016, p. 87. No mesmo sentido: STJ – HC 294935 SP 2014/0117692-3 e STF, HC 79.998-1-RJ, 2ª Turma, Relator Ministro Nelson Jobim RT 782/524.

34 A maior parte dos autores usa a terminologia de "crimes equiparados a hediondos" para o tráfico, o terrorismo e a tortura. Porém, João José Leal, os denomina de "crimes hediondos constitucionais" porque previstos diretamente na Constituição Federal a título exemplificativo, abrindo ao legislador ordinário a possibilidade de elencar outros para o mesmo tratamento, os quais seriam então denominados pelo estudioso como "crimes hediondos ordinários". LEAL, João José. *Crimes Hediondos*. 2ª. ed. Curitiba: Juruá, 2004, p. 45.

considerada violadora do "Princípio da Proporcionalidade", também não havendo, de acordo com a redação projetada, parâmetros para equilíbrio com a liberdade de expressão. Assim sendo, com o veto do artigo 4º, todo aquele que fizer apologia de crimes de terrorismo ou de terroristas, incidirá na regra geral da "Apologia de Crime ou Criminoso" (artigo 287, CP).

Art. 5º Realizar atos preparatórios de terrorismo com o propósito inequívoco de consumar tal delito.

Pena – a correspondente ao delito consumado, diminuída de um quarto até a metade.

§ 1º Incorre nas mesmas penas o agente que, com o propósito de praticar atos de terrorismo:

I – recrutar, organizar, transportar ou municiar indivíduos que viagem para país distinto daquele de sua residência ou nacionalidade; ou

II – fornecer ou receber treinamento em país distinto daquele de sua residência ou nacionalidade.

§2º Nas hipóteses do § 1º, quando a conduta não envolver treinamento ou viagem para país distinto daquele de sua residência ou nacionalidade, a pena será a correspondente ao delito consumado, diminuída de metade a dois terços.

No bojo da lei sob comento, tema que tem gerado justa polêmica na atualidade é aquele referente à punição dos "atos preparatórios" do crime de terrorismo, conforme dispõe o artigo 5º da Lei 13.260/16.

Segundo esse dispositivo, os atos preparatórios passam a ser punidos com a pena do crime consumado reduzida de "um quarto até a metade".

O que certamente gera na comunidade jurídica certo desconforto é a inusitada invasão punitivista de fase tradicionalmente considerada impunível do "iter criminis". A regra é que o "iter criminis" se faça com uma fase de "ante factum" não punível constituída da cogitação ("cogitatio"), ou seja, o mero pensamento, a mera vontade psicológica de prática da conduta; passando pelos atos preparatórios, em que o autor ainda não adentra no núcleo do tipo penal. A fase punível vem com os atos executórios, em que pode caber a pena por crime ao menos tentado (artigo 14, II, CP) e com a efetiva consumação (artigo 14, I, CP). Depois ainda vem o "post factum" impunível chamado de exaurimento do crime.

Portanto, a tradição é que os atos preparatórios não constituam ainda fase punível do "iter criminis". No entanto, vem a Lei 13.260/16 e seu artigo 5º para alterar a situação e prever a punibilidade dos atos preparatórios nos crimes de terrorismo. Na expressão bem moldada utilizada por Castro e Costa, criou-se uma "verdadeira t*entativa antecipada, c*om outro parâmetro de diminuição de pena".³⁵

Mas, para além dessa inusitada incursão violadora de toda a dogmática jurídico–penal, há algo que é mais grave. Ocorre que a redução de pena para meros atos preparatórios é somente de "um quarto à metade". Note-se que, segundo dispõe o artigo 14, II e Parágrafo único, CP, a redução de pena para a tentativa (que vale também para os crimes de terrorismo, já que a lei especial não contém disposição expressa), varia entre "um terço e dois terços". Ora, é clara e evidente a lesão à proporcionalidade na medida em que se um indivíduo pratica atos executórios de terrorismo, chegando a tentar praticar o crime terá uma redução maior do que se apenas praticar atos preparatórios, sem sequer adentrar na tentativa. Na verdade a dosimetria da redução está de pernas para o ar!

A questão é bem percebida por Martinelli e Schmitt de Bem:

> "Acrescenta-se verdadeira violação ao Princípio da Proporcionalidade na cominação das penas aos atos preparatórios. Na lei não há preceito que regule tratamento punitivo diverso à tentativa. Logo, aplica-se a regra geral contida no Código Penal (art. 12). Com efeito, a tentativa de qualquer das condutas conjugadas (§ 1º com o *caput* do art. 2º) poderão ser punidas de forma mais branda que um mero ato preparatório dessa mesma ação. Veja-se que o máximo de diminuição de pena pela tentativa

---

35 CASTRO, Henrique Hoffman Monteiro de, COSTA, Adriano Sousa. Lei antiterrorismo inova com a tentativa antecipada do crime. Disponível em www.conjur.com.br, acesso em 08.10.2016.

corresponde a dois terços, ao passo que a redução pela prática de atos preparatórios é, no máximo, de metade. Tal interpretação parece uma afronta ao Princípio da Proporcionalidade".[36]

Sem adentrar à questão da legitimidade ou não de punição de atos preparatórios como medida preventiva de Direito Penal, fato é que não há como negar a inconstitucionalidade do dispositivo no que diz respeito à cominação de penas, pois que a afronta à proporcionalidade é límpida.

Resta então tentar acomodar a situação à proporcionalidade e o único caminho que se enxerga é a completa desconsideração da regra de diminuição de pena contida no artigo 5º da Lei 13.260/16, aplicando a redução de acordo com o disposto no artigo 14, Parágrafo único, CP. Mais que isso, considerando que ali (no artigo 14, II e Parágrafo único, CP) se trata de tentativa (já atos executórios), até mesmo a equiparação violaria à proporcionalidade. Não se pode tratar atos preparatórios igualmente a atos executórios, a diferença de gravidade impõe diferença de tratamentos. Assim sendo, o ideal seria que, no caso dos atos preparatórios, a redução aplicada fosse sempre e invariavelmente a máxima contida na regulação da tentativa na Parte Geral do Código Penal, ou seja, dois terços.

Esse ajuste à proporcionalidade já foi levado a efeito de forma semelhante no caso do exagero punitivo do crime de falsificação de produtos terapêuticos e medicinais (artigo 273, § 1º, CP) em cotejo com a reprimenda prevista para o Tráfico de Drogas (artigo 33 da Lei 11.343/06). No caso, a primeira pena é muito maior do que a segunda, o que certamente não se justifica. Assim sendo, os tribunais e a doutrina vêm apontando a aplicação da pena do tráfico, visando adequar a situação ao Princípio da Proporcionalidade.[37]

Não obstante, o ideal seria que a Lei 13.260/16 houvesse disposto de maneira a levar em consideração o ordenamento jurídico brasileiro de forma sistemática, atentando para a existência de regra para a punição

---

36 MARTINELLI, João Paulo Orsini, BEM, Leonardo Shmitt de. Os atos preparatórios na nova Lei "Antiterrorismo". *Boletim IBCCrim*. n. 284, jul. 2016, p. 11.

37 GRECO, Rogério. *Código Penal Comentado*. 7ª. ed. Niterói: Impetus, 2013, p. 273. Vide também: TRF 4ª. Reg. Ap. Crim. 2001.72.00.003683-2/SC, Rel. Des. Federal Paulo Afonso Brum Vaz, 8ª. Turma, Porto Alegre – RS, 09.02.2005.

da tentativa no Código Penal e adequando o "quantum" da diminuição do seu artigo 5º de acordo com a proporcionalidade necessária.

Na sequência, o § 1º, do artigo 5º descreve duas condutas casuísticas de atos preparatórios às quais determina a cominação da mesma dosimetria penal. Ambas as condutas, considerando a redação inicial do § 1º, devem ser informadas pelo dolo específico dos agentes de "praticar atos de terrorismo". Ou seja, o recrutamento ou treinamento de pessoas ali descrito somente é fato típico se tiver por finalidade a prática de atos de terrorismo.

Nesse ponto, ocorre o uso pelo legislador da técnica da *interpretação analógica* ao avesso. Normalmente quando se emprega na legislação uma redação que dá azo à *interpretação analógica, o* procedimento é o de formular primeiro exemplos casuísticos para fechar o texto com uma descrição aberta, genérica, a qual deverá ser utilizada em casos similares aos exemplificados inicialmente, mas não descritos expressamente na norma. É bom lembrar que a *interpretação analógica* difere da analogia, pois não se trata de aplicar a norma a um caso similar não previsto, e sim, de adequar um caso que se encaixa em previsão legal aberta com o auxílio de exemplos casuísticos previamente estabelecidos, justamente a fim de evitar lacuna legal. Por isso, enquanto a analogia "in mallam partem" não é admissível em Direito Penal, nada obsta a aplicação da *interpretação analógica* em qualquer sentido.

Conforme lição de Dotti que se sustenta em Aníbal Bruno, referindo-se àquilo que denomina de "interpretação por analogia":

> "O conteúdo da norma se completa através de um processo de compreensão das expressões extensivas do preceito, levando-o, por analogia, a aplicar-se aos casos que se apresentem como semelhantes. Segundo Bruno, trata-se, em verdade, de uma hipótese de interpretação extensiva, em que a própria lei manda que se estenda o seu conteúdo e fornece critério para isso".[38]

Mais claros ainda são Hungria e Fragoso em seu escólio:

---

38 DOTTI, René Ariel. *Curso de Direito Penal*. Rio de Janeiro: Forense, 2001, p. 248.

"Não há como confundir a analogia com a *interpretação analógica*, permitida pela própria lei. Trata-se, aqui, de analogia *intralegem*, de que é exemplo, entre outros muitos, a consentida na fórmula do *crime continuado,* que, depois de mencionar as condições de 'tempo, lugar, maneira de execução', indiciárias da homogeneidade objetiva dos fatos sucessivos, acrescenta: 'e outras semelhantes'. É óbvio que, no limite da semelhança referida à *casuística exemplificativa*, cabe ao juiz reconhecer as hipóteses não previstas individualmente. Toda vez que uma cláusula genérica se segue a uma fórmula casuística, deve entender-se que aquela somente compreende os casos *análogos* aos destacados por esta, que, do contrário, seria inteiramente ociosa".[39]

Note-se que a doutrina descreve a *interpretação analógica ou por analogia* sempre como o elenco de um ou mais exemplos casuísticos, seguidos por uma fórmula genérica aberta, cuja aplicação se orienta pelos primeiros. Por isso se afirma, neste trabalho, que o que o legislador operou no artigo 5º, § 1º, I e II, da Lei 13.260/16 foi uma redação que dá espaço a uma *interpretação analógica ao avesso.* Ocorre que o artigo 5º, "caput", sob comento dá início à redação com uma fórmula genérica, sendo que a ele se seguem os exemplos casuísticos de atos preparatórios de terrorismo que lhe servirão de baliza aplicativa para os casos não previstos expressamente e, então, abrangidos pelo "caput". Os exemplos casuísticos estão no § 1º, incisos I e II do artigo 5º, e não no artigo 5º, "caput", como seria o corriqueiro nessa situação. A ordem natural ou comum está invertida.

Seja como for, fato é que a interpretação do que venham a ser "atos preparatórios de terrorismo" mencionados no "caput" do artigo 5º, de forma aberta, deverá ser integrada ou fechada mediante comparação analógica com os exemplos que seguem no § 1º, incisos I e II do mesmo dispositivo. Além dessa orientação dada pela técnica da interpretação analógica, é relevante seguir o aconselhamento de Castro e Costa:

"A interpretação legal deve ser no sentido de *atingir apenas as condutas imediatamente antecedentes* à prática dos verbos

---

39 HUNGRIA, Nelson, FRAGOSO, Heleno. *Comentários ao Código Penal.* Volume I. Tomo I. 5ª. ed. Rio de Janeiro: Forense, 1977, p. 97 – 98.

nucleares do terrorismo, sob pena de constituir um buraco negro incriminador capaz de atrair praticamente todo e qualquer comportamento humano antecedente à prática do verbo nuclear".[40]

Passa-se, agora, ao estudo dos casuísmos previstos no artigo 5º, § 1º, I e II da Lei Antiterror:

No inciso I, trata-se do recrutamento, organização, transporte ou municiamento de indivíduos que viagem para país distinto de sua residência ou nacionalidade, sempre, obviamente, comprovada a intenção da prática de terrorismo, conforme consta no artigo 2º, § 1º, I, IV e V, da Lei 13.260/16. Essas são ações de preparação para futura prática de atos de terrorismo incriminadas de forma prévia pelo legislador. Observa-se que a viagem deverá ser para um país diverso daquele da nacionalidade ou residência do indivíduo.

Segundo Pontes de Miranda, "nacionalidade é o vínculo jurídico–político de direito público interno, que faz da pessoa um dos elementos componentes da dimensão pessoal do Estado".[41]

Doutra banda, a residência compreende o local onde o indivíduo é radicado, onde mora, mas não necessariamente com ânimo definitivo. Ela não se confunde com o "domicílio". Esse se compõe de "dois elementos", um de natureza objetiva, que é a "residência", simples "estado de fato material"; e outro de natureza subjetiva, psicológica, consistindo no "ânimo definitivo", no intento de se fixar num local de forma permanente. Assim sendo, pode-se afirmar que a residência é "apenas um elemento componente do conceito de domicílio".[42]

Pode-se afirmar, então, que seja o deslocamento do indivíduo do Estado de sua nacionalidade em que também reside, seja o deslocamento de um sujeito de determinada nacionalidade, mas que atualmente reside em outro Estado, para uma viagem a local diverso com intuito terrorista, serve para a configuração da conduta típica. Exemplo do primeiro caso seria deslocar um Venezuelano da Venezuela para o Brasil.

---

40 CASTRO, Henrique Hoffman Monteiro de, COSTA, Adriano Sousa. *Op. Cit.*

41 MIRANDA, Pontes de. *Nacionalidade de Origem e Naturalização no Direito Brasileiro*. 2ª. ed. Rio de Janeiro: A. Coelho Branco Filho, 1936, p. 53.

42 GONÇALVES, Carlos Roberto. *Direito Civil Brasileiro*. Volume 1. 11ª. ed. São Paulo: Saraiva, 2013, p. 173.

Do segundo caso seria deslocar um Venezuelano que está morando na Bolívia para o Brasil. Em ambos os casos o crime está perfeito.

Pode surgir uma dúvida devido ao fato de que, como visto, r*esidência* e d*omicílio* são conceitos juridicamente diversos, sendo fato que o legislador usou apenas o vocábulo r*esidência*. Pode-se cogitar que o descolamento do indivíduo de seu d*omicílio* não serviria para a tipificação penal devido ao Princípio da Legalidade. Essa interpretação é equivocada. Isso porque, como também já esclarecido, a *residência* não passa de um elemento, um componente do conceito mais amplo que é o domicílio. Ora, então se o legislador se contenta com a parte, a configuração do todo no caso concreto não só satisfaz o que a lei exige como suplanta. Trata-se de aplicar ao caso o brocardo latino que ensina que aquilo que supera o exigido não prejudica ("quod abundat non nocet") ou mesmo o princípio lógico, também expresso em brocardo, de que a parte está contida no todo ("in toto et parscontinetur"). Diverso seria se a lei falasse em domicílio e deixasse de mencionar a residência. Aí sim, haveria um bloqueio de aplicação ao caso da mera residência porque o legislador teria exigido o todo e olvidado a parte. Mas, não foi isso o que ocorreu, foi justo o contrário.

No inciso II, a lei incrimina o fornecimento ou recebimento de treinamento para atos terroristas em país distinto de sua residência ou nacionalidade. Valem os mesmos comentários anteriormente expostos, apenas diferindo que a conduta agora é a de fornecer ou receber treinamento. O primeiro verbo descreve a conduta daquele que se desloca a outro país para treinar terroristas potenciais. O segundo, a prática daquele que viaja ao estrangeiro para obter o treinamento terrorista.

Por obviedade, tratando-se já da incriminação de atos preparatórios, seja nas condutas casuísticas elencadas no § 1º, incisos I e II, seja em casos que se possam enquadrar no "caput" do artigo 5º, por interpretação analógica reversa, não há como cogitar de tentativa. Em todos esses casos ou o agente pratica as condutas incriminadas ou então se trata de um irrelevante jurídico–penal.

A redução da pena aplicável é maior quando as condutas do § 1º, I e II não envolverem treinamento ou viagem para país distinto da residência ou nacionalidade. A redução prevista no "caput" em relação ao delito de terrorismo consumado é de um quarto até a metade, conforme já visto. Já no caso de não implicar treinamento ou viagem para país distinto, a redução passa a ser de "metade a dois terços". Ou seja, a punição do recrutamento, organização, transporte, municiamento e treinamento internos, não implicando em deslocamento para país diverso do da nacionalidade ou residência dos implicados, é abrandada, sendo de se concluir que a legislação considera a internacionalização do terrorismo, ainda que em sua fase preparatória algo mais grave, certamente tendo em conta as dimensões que pode assumir, diversamente das condutas que se reduzem a um determinado país ou Estado.

Dessa previsão acima mencionada (artigo 5º, § 2º, da Lei 13.260/16), é lícito deduzir que também no caso de condutas que venham a ser tipificadas no artigo 5º, "caput", por *interpretação analógica,* a redução será menor se a conduta for internacional ou transnacional e maior se for interna, sem extrapolar as fronteiras do país ou Estado. Exemplificando: num caso em que o indivíduo adquire um imóvel para fins de instalação de esconderijo e abrigo para futuros terroristas. Se o faz no próprio país e visando agentes internos, a redução será maior, aquela prevista no artigo 5º, § 2º (de metade a dois terços). Mas, se pratica o mesmo ato, porém, adquirindo um imóvel, num país vizinho para os mesmos fins preparatórios de futuros atos terroristas, então a redução será menor, aquela prevista no artigo 5º, "caput" (de um quarto até a metade). Conclui-se que o legislador estabeleceu um princípio, segundo o qual a internacionalização ou transnacionalização do terrorismo e dos atos preparatórios para este torna a conduta mais reprovável. Sendo assim, no lugar em que há a mesma razão, deve-se aplicar o mesmo direito ("ubi eadem ratio ibi eadem legis dispositio"). A despeito dos erros de proporcionalidade anteriormente criticados neste texto, deve-se reconhecer que no que tange a essa questão de tratamento mais rigoroso para o terrorismo ou mesmo atos preparatórios internacionais ou transnacionais, procedeu o legislador de forma acertada e proporcional. Não há como negar que a internacionalização do terrorismo o torna um mal, cada vez mais, destrutivo e ameaçador.

Art. 6º Receber, prover, oferecer, obter, guardar, manter em depósito, solicitar, investir, de qualquer modo, direta ou indiretamente, recursos, ativos, bens, direitos, valores ou serviços de qualquer natureza, para o planejamento, a preparação ou execução dos crimes previstos nesta lei:

Pena – reclusão, de quinze a trinta anos.

Parágrafo único – Incorre na mesma pena quem oferecer ou receber, obtiver, guardar, mantiver em depósito, solicitar, investir ou de qualquer modo contribuir para a obtenção de ativo, bem ou recurso financeiro com a finalidade de financiar, total ou parcialmente, pessoa, grupo de pessoas, associação, entidade, organização criminosa que tenha como atividade principal ou secundária, mesmo em caráter eventual, a prática de crimes previstos nesta lei.

Procurando resumir e tornar mais simples a explanação das condutas descritas nesse tipo penal de conteúdo variado ou ação múltipla, com seus diversos verbos, pode-se afirmar que se trata no "caput" de atuação de financiamento, manutenção ou custeio de atividades terroristas, enquanto que no parágrafo único, das mesmas atividades, apenas com a diferença que se dirigem a grupos, entidades ou pessoas dedicadas à prática de atos de terrorismo. Há uma previsão especial na Lei Antiterror de favorecimento real e favorecimento pessoal, de modo a afastar a aplicabilidade, nestes casos, dos artigos 348 e 349, CP. O "caput" tem em mira a atividade em si, enquanto que o parágrafo único tem por escopo as pessoas, grupos e entidades. De qualquer forma, o que é incriminado é o financiamento, custeio ou manutenção a qualquer título de atividades terroristas, ou dando apoio aos atos ou às pessoas envolvidas.

Especialmente quando o tipo penal menciona a "preparação" de crimes de terrorismo, pode surgir uma dúvida sobre como distinguir o artigo 6º do artigo 5º do mesmo diploma. A única via que se enxerga é entender que as condutas do artigo 6º devem ser dirigidas a uma atividade, pessoa ou grupo já implantado, em ação, em atuação, que será então, a partir da conduta do agente, financiado, mantido ou custeado. Já no artigo 5º, a lei trata de situações em que não há uma prática em andamento que vem a ser objeto de manutenção por qualquer pessoa.

Exemplificando com o caso anteriormente já utilizado: numa primeira situação, um indivíduo adquire um apartamento com o fito de um dia, talvez, no futuro incerto, vir a abrigar terroristas após atos por eles perpetrados (artigo 5º). Numa segunda situação, um indivíduo adquire esse mesmo apartamento para utilização de uma célula terrorista já existente e em atividade.

Art. 7º Salvo quando for elementar de qualquer crime previsto nesta Lei, se de algum deles resultar lesão corporal grave, aumenta-se a pena de um terço, se resultar morte, aumenta-se a pena de metade.

Esse dispositivo prevê duas causas especiais de aumento de pena pelo resultado do crime. Será o aumento da ordem de um terço no caso de lesões graves e de metade no caso de morte. Não importa para a aplicação da exacerbação punitiva se houve uma ou mais mortes ou lesões, inclusive não há variação do "quantum" de aumento, o qual tem previsão fixa de 1/3 no caso de lesões graves e de 1/2 no caso de morte. Isso parece ser uma falha, pois deveria haver uma margem para que o julgador pudesse fazer a individualização da pena. Obviamente a reprimenda igual para um atentado em que uma pessoa morre e outro em que morrem quatrocentas pessoas não é adequada. O aumento deveria ser previsto com uma variação.

Também importa esclarecer que, embora o aumento se dê pelos resultados morte ou lesão grave, esses poderão ser derivados tanto de conduta dolosa como de conduta preterdolosa do agente ou agentes. Novamente uma possibilidade de individualização da pena com a previsão de variação do aumento e não frações fixas seria bem-vinda. Significa dizer que se um indivíduo, por exemplo, sabota o funcionamento de um hospital e, em razão disso, pessoas morrem, pouco importa se ele previa esse resultado e assumia o risco (dolo eventual) ou mesmo se o desejava (dolo direto), ou ainda se não pretendia que ocorressem mortes ou lesões graves em ninguém, apenas pretendendo causar abalo, mas vindo isso a acontecer em razão de sua conduta imprudente (preterdolo). Seja de que modo for, os aumentos serão sempre de um terço para lesões graves e de metade para mortes.

Numa situação em que da conduta do agente decorram mortes e lesões graves, o aumento a ser aplicado será o maior, ou seja, aquele referente ao resultado mais grave (morte). Portanto, o acréscimo será de metade da pena.

Ao que parece, esses aumentos somente terão aplicabilidade prática para os casos do artigo 2º, e seus incisos, pois que somente ali se vislumbra a possibilidade de ocorrência de resultados dolosos ou preterdolosos de morte ou lesão grave. Mesmo assim, somente poderá haver aplicação aos casos do artigo 2º, § 1º, I e IV. Isso porque o próprio artigo 7º é muito claro ao afastar seu alcance quando a morte ou a lesão já for "elementar da prática" criminosa. Isso faz com que o aumento não seja aplicável ao artigo 2º,§ 1º, V da Lei 13.260/16, pois que ali já se trata de atentar contra a vida ou a integridade física de pessoas. Certamente, mesmo que o artigo 7º não fosse tão absolutamente literal, a sua aplicação ao caso do artigo 2º, § 1º, V seria considerada pela doutrina e jurisprudência como inviável, pois que ensejaria indevido "bis in idem".

Art. 1 Mesmo antes de iniciada a execução do crime de terrorismo, na hipótese do art. 5º dessa Lei, aplicam-se as disposições do artigo 15 do Decreto–Lei n. 2.848, de 7 de dezembro de 1940 – Código Penal.

Nesse dispositivo, a Lei 13.260/16 determina a aplicação do disposto no artigo 15 do Código Penal Brasileiro aos crimes de terrorismo, inclusive para a prática de atos preparatórios incriminada no artigo 5º do mesmo diploma. Tratam-se dos institutos da Parte Geral do Código Penal da "Desistência Voluntária" e do "Arrependimento Eficaz".

Dessa forma, "o agente que, voluntariamente, desiste de prosseguir na execução ou impede que o resultado se produza, só responde pelos atos até então praticados".

Tratando-se de norma da Parte Geral do Código Penal Brasileiro, pode-se afirmar que o disposto no artigo 10 da Lei 13.260/16 seria até mesmo despiciendo, eis que, salvo disposição em contrário, haveria realmente a aplicação das normas da Parte Geral a todo ordenamento penal nacional.

Não obstante, é interessante a previsão clara e induvidosa posta pelo legislador no citado artigo 10, porque não permite qualquer elucubração sobre a eventual incompatibilidade dos institutos da "Desistência Voluntária" e do "Arrependimento Eficaz" com relação ao crime do artigo 5º, que versa sobre atos preparatórios. Isso porque, normalmente, o momento em que ocorrem a "desistência voluntária" ou o "arrependimento eficaz" é aquele em que já se está no plano dos atos executórios, ocasião em que já é possível a responsabilização do agente ao menos pela forma tentada do ilícito.

Vale lembrar que na "desistência voluntária" ou "tentativa abandonada", o agente inicia a execução de uma conduta criminosa, mas, voluntariamente, toma a decisão de interrompê-la, ganhando com isso a impunidade, a não ser pelos atos até então perpetrados. Avulta no instituto uma motivação político–criminal de estímulo à não consumação do crime, ofertando ao agente a chance de livrar-se da situação criada, sem receber reprimenda penal.[43] Como bem ilustra Von Liszt, "a lei, por considerações de política criminal, pode construir uma *ponte de ouro* para a retirada do agente que já se tornara passível de pena".[44]

Observa-se ainda que essa desistência ou abandono não precisa de espontaneidade, bastando a voluntariedade. Conforme ensina Bitencourt:

> "E*spontânea* ocorre quando a ideia inicial parte do próprio agente e v*oluntária* é a desistência sem coação moral ou física, mesmo que a ideia inicial tenha partido de outrem, ou mesmo resultado de pedido da própria vítima".[45]

O arrependimento eficaz também se constitui do abandono da tentativa, mas com a diferença de que, nesse caso, o agente já esgotou a execução e pratica conduta que evita a consumação. Da mesma forma, não se exige espontaneidade, mas mera voluntariedade. No arrependimento, é preciso atentar que se necessita de eficácia, ou seja, deve o agente conseguir, ao final, impedir que o resultado ou consumação ocorra. Caso contrário, não se perfaz o instituto benéfico.

Embora ambos os institutos tenham um matiz político–criminal, também encontram seu sustento dogmático. Bem explicitam isso Hungria e Fragoso:

> "É condição essencial da tentativa que a não–consumação do crime resulte de 'circunstâncias alheias à vontade do agente' (...). Se o agente, de sua própria iniciativa ou por sua livre vontade, interrompe a atividade executiva ou, já exaurida esta. Evita que se produza o resultado antijurídico, a tentativa deixa de ser punível como tal, ressalvada apenas a punibilidade dos atos anteriores

---

43   Cf. BITENCOURT, Cezar Roberto. *Tratado de Direito Penal*. Volume 1. 22ª. ed. São Paulo: Saraiva, 2016, p. 542.

44   LISZT, Franz Von. Tratado de direito penal alemão. Tomo I. Trad. José Hygino Duarte Perteira. Rio de Janeiro: F. Briguiet, 1889, p. 342.

45   *Op. Cit.*, p. 542 – 543.

(preparatórios ou executivos), quando constituam crimes por si mesmos".[46]

Os mesmos autores deixam claro que há uma "contramarcha" na execução na "desistência voluntária" e no "arrependimento eficaz" ocorre esse retorno no "iter criminis" depois de já cumprida a atividade de execução, evitando-se tão somente o resultado final ou consumação.[47]

Perceba-se que a dogmática que trata do tema sempre se sustenta na fase executória em andamento ou mesmo finda, no primeiro caso para a "desistência voluntária", no segundo para o "arrependimento eficaz". Nesse passo, realmente seria um tanto quanto questionável, ao menos tecnicamente, a aplicabilidade do artigo 15, CP ao caso do crime do artigo 5º, da Lei Antiterror, que prevê punição para atos preparatórios, ou seja, um passo antes no "iter criminis".

Tanto é fato que Von Liszt já chamava a atenção para a impossibilidade de aplicação desses institutos quando o legislador erige em crime já aquilo que seria mero ato preparatório ou empreendimento, a não ser no caso de disposição específica:

> "Quando a lei commina penas especiaes contra actos preparatorios ou actos de tentativa, ou quando equipara o emprehendimento do crime ao crime consumado (...), não se dá o efeito dirimente da desistência, atenta a falta de uma disposição especial de direito positivo".[48]

Dessa forma, o legislador foi previdente ao deixar esclarecida a aplicabilidade ao artigo 15, CP, não somente aos demais crimes previstos na Lei 13.260/16, mas também ao crime previsto no artigo 5º do mesmo diploma, providenciando aquela "disposição especial de direito positivo" de que fala Liszt.

---

46 HUNGRIA, Nelson, FRAGOSO, Heleno. *Comentários ao Código Penal*. Volume I. Tomo II. 5ª. ed. Rio de Janeiro: Forense, 1978, p. 92.
47 *Op. Cit.*, p. 93.
48 LISZT, Franz Von. *Op. Cit.*, p. 346 – 347.

Como assentam Castro e Costa, cria o legislador uma "autêntica *tentativa abandonada antecipada (desistência voluntária ou arrependimento eficaz antecipados)*".[49]

Os autores ofertam exemplos bem elucidativos para a distinção entre a situação de crime consumado do artigo 5º, da Lei Antiterror, desistência voluntária e arrependimento eficaz, bem como os efeitos desses institutos exculpantes:

> "Imagine o exemplo: o agente monta arma de fogo de uso restrito com capacidade de cinco munições (sem potencial de causar destruição em massa) para tornar acionável por controle remoto, a fim de matar alguém em meio à multidão e causar terror social por discriminação religiosa. Se é impedido de acionar a arma, responde pelo crime do artigo 2º, § 1º, V da Lei 13.260/16 com pena diminuída (combinado com artigo 5º, "caput"). De outro lado, se desiste de acionar o dispositivo, responde pelo delito do artigo 16 da Lei 10.826/03 (*desistência voluntária antecipada*), e se aciona a arma, mas empurra o alvo, evitando seu atingimento, responde pelos artigos 15 e 16 da Lei 10.826/03 (*arrependimento eficaz antecipado*)".[50]

Apenas um reparo quanto aos exemplos dos autores acima deve ser feito. No último caso, quando o autor aciona o gatilho, ele não está mais no âmbito do artigo 5º, da Lei 13.260/16, pois que já supera os meros atos preparatórios e adentra nos atos executórios, em que já é viável a responsabilização, no mínimo, por tentativa. Portanto, não se trata de um bom exemplo de a*rrependimento eficaz antecipado c*omo defendem em seu texto, de resto escorreito. Trata-se de um arrependimento eficaz ordinário, dirigido ao artigo 2º, § 1º, V, da Lei 13.260/16 e não ao artigo 5º da mesma legislação. Na realidade, a inovação em que consiste o artigo 10 da Lei Antiterror torna muito difícil imaginar um caso de verdadeiro a*rrependimento eficaz antecipado* em relação a atos preparatórios, que são o campo de abrangência do disposto no artigo 5º sob comento. Desistir voluntariamente da prática de atos preparatórios ainda é imaginável, mas o arrependimento eficaz está por demais ligado

---

49 CASTRO, Henrique Hoffman Monteiro de, COSTA, Adriano Sousa. *Op. Cit.*
50 *Op. Cit.*

ao exaurimento dos atos de execução à chamada "tentativa perfeita", na qual o agente esgota seu potencial lesivo executório, para poder ser aplicado a um crime de empreitada como é o caso do artigo 5º, da Lei 13.260/16. Em nossa visão, embora o legislador não tenha imposto limites à aplicação do artigo 15, CP ao artigo 5º da Lei 13.260/16, há uma incompatibilidade genética entre o instituto do arrependimento eficaz e o crime de empreendimento. Quando o espaço para o arrependimento eficaz surgir, já terá sido superado o campo de abrangência do artigo 5º, da Lei Antiterror. Isso porque aqui não se satisfaz a lei com o mero "arrependimento", mas exige uma "eficácia" desse em impedir um resultado que, portanto, deve ter sua execução iniciada. Já na desistência, o que se exige é apenas a voluntariedade e a desistência em si, o que não é incompatível com a realização de meros atos preparatórios.

Efetivamente, deixar de aplicar os benefícios do artigo 15, CP aos casos do artigo 5º da Lei 13.260/16 não seria uma opção político–criminal correta, pois sempre é bem-vindo o incentivo a que o terrorista, ainda que em potencial, venha a desistir de seus intentos ou evitar as consequências de seus atos já praticados. Mas, no que tange ao artigo 5º especificamente entende-se que somente é possível pensar na desistência voluntária, de modo que o dispositivo legal não tem o condão de alterar a natureza do instituto do arrependimento eficaz e suas características. É claro que o artigo 15, CP, poderá ser integralmente aplicado aos demais atos de terrorismo, até mesmo por sua própria força normativa, independente do artigo 10 da Lei Antiterror.

Art. 11 Para todos os efeitos legais, considera-se que os crimes previstos nesta Lei são praticados contra o interesse da União, cabendo à Polícia Federal a investigação criminal, em sede de inquérito policial, e à Justiça Federal o seu processamento e julgamento, nos termos do inciso IV do art. 109 da Constituição Federal.

Com sustento no artigo 109, IV, CF, a Lei 13.260/16 estabelece a atribuição de Polícia Judiciária para a investigação criminal dos casos de terrorismo à Polícia Federal e a competência para o processo e julgamento à Justiça Federal.

Para tanto, cria uma prévia determinação legal de que os crimes de terrorismo "são praticados contra o interesse da União", o que estaria a legitimar todo o restante do artigo 11 em estudo, ou seja, a atribuição da Polícia Federal (artigo 144, I, § 1º, I e IV, CF) e a competência da Justiça Federal em detrimento dos respectivos órgãos estaduais (artigo 109, IV, CF).

É interessante notar que o artigo 11 da Lei 13.260/16 estabelece clara e induvidosamente uma atribuição *exclusiva d*e apuração do terrorismo à P*olícia Federal* e mais, determina o instrumento investigativo *'ambém exclusivo* para tanto, que será o *"Inquérito Policial"*. A interpretação evidente é a de que nenhum outro organismo estatal (federal ou estadual) detêm poderes investigatórios em relação aos crimes de terrorismo, excluindo-se, portanto, quaisquer outras polícias, forças armadas e até mesmo o Ministério Público, seja o Estadual ou mesmo o Federal. Não obstante, sabe-se que lei, constituição e vácuo praticamente se equivalem neste país, em que o STF, sem qualquer previsão legal, permite que o Ministério Público pratique investigações criminais diretas com base em Resoluções![51]

A despeito disso tudo, é bastante plausível a tese da inconstitucionalidade do artigo 11 da Lei Antiterrorismo. Isso porque a verdade é que não necessariamente a prática terrorista irá ter repercussão em interesse da União. Esse interesse, previsto no artigo 109, IV, CF deve ser "de fato", "in concreto" e não imposto a fórceps e abstratamente pela lei ordinária. Não fosse assim, bastaria ao legislador ordinário dizer, em seu texto, que tal ou qual matéria será, para "efeitos legais", contra ou de interesse da União para levar a competência para a Justiça Federal de qualquer maneira de forma abstrata, o que, na verdade, somente é dado à Constituição Federal determinar. A técnica utilizada no artigo em destaque é uma evidente burla ao dispositivo constitucional que limita a competência da Justiça Federal e mesmo ao dispositivo que estabelece a atribuição de Polícia Judiciária da União da Polícia Federal (artigos 109, IV c/c 144, I, § 1º, I e IV, CF).

Nem mesmo, a previsão em tratado internacional do crime de terrorismo é suficiente para estabelecer, por si só e de plano, a competência federal com base no artigo 109, V, CF. Há necessidade de repercussão internacional. Não por outra razão é que não são todos os ilícitos previstos em tratados internacionais (v.g. tortura, violência doméstica e

---

51 Recurso Extraordinário 593.727, STF.

familiar contra a mulher, tráfico de drogas etc.) que são de competência da Justiça Federal e atribuição da Polícia Federal.[52]

Tenha-se em mente o explicitado por Bonfim:

> "Cumpre observar que, para que se atraia a competência da Justiça Federal, é necessário que a prática de crime previsto em trato ou convenção internacional extrapole a mera repercussão interna, atingindo patamares internacionais".[53]

Nem mesmo a questão de eventual violação dos direitos humanos leva automaticamente a competência para a Justiça Federal, pois que isso depende da inércia ou ineficácia dos órgãos estaduais e de representação do Procurador Geral da República devidamente acatada pelo STJ para que se processe o respectivo incidente de deslocamento de competência nos estritos termos do artigo 109, § 5º, CF.

Na lição de Muccio:

> "Há necessidade de que se demonstre, concretamente, que o Estado–membro, por suas instituições, seja em razão da inércia, da negligência, ou por falta de vontade política, ou até mesmo por falta de condições materiais e reais, não possa se desincumbir da tarefa persecutória satisfatoriamente, havendo risco de descumprimento de obrigações firmadas pelo Brasil em tratados internacionais".[54]

Entende-se, portanto, que, inobstante o disposto no artigo 11 da Lei Antiterror, a competência e atribuição Federal para, respectivamente, processar e julgar e investigar o terrorismo, somente se dará quando, *concretamente,* estiver em jogo alguma motivação *constitucionalmente*

---

52   Neste sentido: BARBOSA, Ruchester Marreiros. A inconstitucionalidade do art. 11 da Lei Antiterrorismo. Disponível em www.canalcienciascriminais.com.br, acesso em 16.10.2016.
53   BONFIM, Edilson Mougenot. *Curso de Processo Penal.* 7ª. ed. São Paulo: Saraiva, 2012, p. 274.
54   MUCCIO, Hidejalma. *Curso de Processo Penal.* 2ª. ed. Rio de Janeiro: Forense, 2011, p. 467.

prevista para tanto, sendo a competência e atribuição, em regra, da seara estadual.

Porém, isso certamente não se pode firmar por mera injunção dogmática. Aos tribunais e mais especificamente ao STF, cabe firmar esse entendimento, dando a interpretação conforme a Constituição ao artigo 11 da Lei 13.260/16 ou mesmo declarando sua inconstitucionalidade. Enquanto isso não acontece, se é que algum dia acontecerá (pois, não se pode realmente crer muito no chamado "Pretório Excelso" como real defensor da Constituição Federal nem mesmo da mais mínima legalidade, conforme acima já se comentou), "legemhabemus" e a questão, a princípio, é de atribuição da Polícia Federal, na fase investigatória; e de competência da Justiça Federal na fase processual.

Art. 12 O juiz, de ofício, a requerimento do Ministério Público ou mediante representação do delegado de polícia, ouvido o Ministério Público em vinte e quatro horas, havendo indícios suficientes de crime previsto nesta Lei, poderá decretar, no curso da investigação ou da ação penal, medidas assecuratórias de bens, direitos ou valores do investigado ou acusado, ou existentes em nome de interpostas pessoas, que sejam instrumento, produto ou proveito dos crimes previstos nesta Lei.

§ 1º Proceder-se-á à alienação antecipada para preservação do valor dos bens sempre que estiverem sujeitos a qualquer grau de deterioração ou depreciação, ou quando houver dificuldade para sua manutenção.

§ 2º O juiz determinará a liberação, total ou parcial, dos bens, direitos e valores quando comprovada a licitude de sua origem e destinação, mantendo-se a constrição dos bens, direitos e valores necessários e suficientes à reparação dos danos e ao pagamento de prestações pecuniárias, multas e custas decorrentes da infração penal.

§ 3º Nenhum pedido de liberação será conhecido sem o comparecimento pessoal do acusado ou de interposta pessoa a que se refere o *caput* deste artigo, podendo o juiz determinar a prática de atos necessários à conservação de bens, direitos ou valores, sem prejuízo do disposto no § 1º.

§ 4º Poderão ser decretadas medidas assecuratórias sobre bens, direitos ou valores para reparação do dano decorrente da infração penal antecedente ou da prevista nesta Lei ou para pagamento de prestação pecuniária, multa e custas.

a) O JUIZ E O DECRETO DE OFÍCIO DE MEDIDAS ASSECURATÓRIAS: POLÊMICA QUANTO AO SISTEMA ACUSATÓRIO

Por disposição legal (artigo 12 da Lei 13.260/16) as medidas assecuratórias, dependem de ordem judicial para sua validade.

Ao regular a legitimidade para o requerimento da medida o artigo 12 "caput" deixa claro a permissão legal de que o juiz possa determinar a diligência "de ofício", ou seja, independente de requerimento dos órgãos envolvidos na investigação criminal ou acusação penal.

Não é novidade no ordenamento processual penal pátrio a atribuição ao juiz da faculdade de determinar medidas coercitivas cautelares independentemente de manifestação dos encarregados das investigações. A título de ilustração, pode-se mencionar o artigo 242, CPP, que trata das buscas domiciliares, ou mesmo o artigo 311, CPP, que se refere à decretação da Prisão Preventiva.

Já a Lei 7.960/89, que dispõe sobre a Prisão Temporária, foi mais atenta à preservação da inércia e imparcialidade do juiz, não prevendo a possibilidade de sua decretação "ex officio" (inteligência do artigo 2º da Lei 7.960/89).

Efetivamente, tratando-se de medida inerente à atividade investigatória, urge evitar a contaminação do julgador, num retorno atávico ao Sistema Inquisitivo.

O mister de julgar não é simples, mesmo havendo toda uma gama de garantias e proibições/proteções, visando salvaguardar o juiz e possibilitar-lhe o exercício da imparcialidade (Ver artigos 252 a 254, CPP e ainda artigo 95 e seu Parágrafo único da CF). Falível, influenciável, como qualquer homem, cabe ao juiz decidir em matéria penal sobre a liberdade das pessoas, e essa decisão não se dá em termos de uma aplicação matemática da lei, muito menos se trata de uma seleção maniqueísta de bem e mal.

"O Direito, para Aristóteles, significa leis sempre deficientes em face da complexidade da realidade humana, sendo que o direito natural é inalterável para os deuses, mas é variável para os homens. (...), é a verdade absoluta como verdade, mas proporcional como desdobramento da realidade humana."[55]

Movimentar-se em meio ao mar de dúvidas do processo, na busca de uma "certeza" servível para a condenação[56] é tarefa hercúlea, cujo bom desempenho sob o ângulo da justiça da decisão, depende primordialmente do grau mais elevado possível de imparcialidade do julgador.

Mesmo em condições ideais não se deve superestimar a capacidade humana, sendo fato que os erros poderão acontecer como é natural.

Já advertia nesse sentido Carnelutti:[57]

"Esta, de ser ao mesmo tempo parte e não parte, é a contradição, na qual o conceito de juiz se agita. O fato de ser o juiz um homem, e do dever ser mais que um homem, é o seu drama."

Portanto, na moderna visão do devido processo legal não se admite mais a atuação do juiz na fase investigatória, procurando-se otimizar seu distanciamento da coleta de provas e indícios, de modo a propiciar um julgador livre de influências prévias.

Assim a manifestação de Denise Neves Abade[58] "verbis":

"(...), com as mudanças trazidas pela nova ordem constitucional de 1988, o sistema investigatório processual penal não pode mais admitir que atribuições institucionais privativas do Ministério Público, (...), integrem a função jurisdicional."

---

55 ENCARNAÇÃO, João Bosco da. *Que é isso, o Direito?* Taubaté, Cabral, 1996 p. 200.
56 MALATESTA, Nicola Framarino Dei. *A Lógica das Provas em Matéria Criminal*. Campinas, Bookseller, 1996, p. 21 - 77.
57 ARNELUTTI, Francesco. *As Misérias do Processo Penal*. Campinas, Conan, 1995, p. 32.
58 ABADE, Denise Neves. A Consagração do Sistema Acusatório Com o Afastamento do Juiz do Inquérito Policial. *Boletim IBCcrim*. n.55, jun., 1997, p. 12.

E prossegue:

> "Dessa forma, a retirada da figura do julgador do inquérito policial será um progresso no sistema processual que levará a investigações mais céleres, respostas jurisdicionais mais eficientes e correta equidistância em relação ao conflito de interesses".

Com o afastamento do juiz das atividades persecutórias anteriores à ação penal, garante-se o maior dos princípios do devido processo legal – a imparcialidade do órgão julgador. Aos juízes, compete processar e julgar — e não investigar ou interferir nas investigações.

O contato do julgador com a atividade persecutória torna promíscua sua relação com os fatos. Compromete a neutralidade do juiz. E, sem um juiz neutro, toda a atividade jurisdicional resta comprometida.

Assim, qualquer contato prévio do juiz com as diligências tomadas no inquérito policial, por comprometer seu envolvimento psicológico com os fatos, além de eticamente reprovável, é inconstitucional.

O que caracteriza o processo acusatório, adotado em nosso sistema processual penal, é a *rígida* separação entre o órgão acusador e o juiz.

No sistema acusatório ideal, com o órgão julgador passivo diante das partes, não deve o juiz, jamais, praticar atos de colheita preliminar de provas."

Nem mesmo a busca da chamada "verdade real" autorizaria a inclusão do juiz na atividade investigatória, pois deve preponderar a garantia de sua imparcialidade. Na realidade, só será justificável a procura de provas pelo juiz "ex officio" no caso de dirimir suas próprias dúvidas pessoais, após deparar-se com tudo aquilo que foi produzido pela investigação, acusação e defesa no interior do processo (Ver artigo 156, CPP).

A doutrina[59] indica este caminho:

> "Por isso é que o termo 'verdade material' há de ser tomado em seu sentido correto: de um lado, no sentido da verdade subtraída

---

59 GRINOVER, Ada Pellegrini, FERNANDES, Antonio Scarance, GOMES FILHO, Antonio Magalhães. As *Nulidades no Processo Penal*. São Paulo, Malheiros, 2007, p. 107.

à influência que as partes, por seu comportamento processual, queiram exercer sobre ela; de outro lado, no sentido de uma verdade que, não sendo 'absoluta' ou 'ontológica', há de ser antes de tudo uma verdade judicial, prática e, sobretudo, não uma verdade obtida a todo preço: uma verdade processualmente válida."

Muitas vezes, temos essa tendência de trazer ao debate a chamada "verdade real ou material" para pretender justificar atribuições de atuação de ofício aos juízes. Isso nos parece advir de uma influência de resquícios de ideias inquisitivas impregnadas ainda nas mentalidades e, consequentemente, nas legislações que têm a pretensão de alcançarem um Sistema Acusatório ideal. Essa nefasta influência gera tendência a uma visão unilateral da "verdade real", qual seja, somente pelo ponto de vista da acusação e condenação, quando, na realidade, deve ser encarada de forma bilateral (o objetivo do processo penal é condenar o culpado sim, mas, principalmente, absolver o inocente).[60]

Quando se faz referência a um "modelo acusatório ideal", deve-se considerar a total divisão entre as tarefas de julgamento e apuração.

Assim, por exemplo, em sistemas mais avançados, mantém-se a jurisdicionalização de certas medidas pré-processuais, destacadamente aquelas que envolvem direitos e garantias individuais. Não se prescinde da figura do juiz para o controle dessas medidas. No entanto, procura-se dividir, de maneira estanque, as funções dos órgãos jurisdicionais, de maneira que aqueles que atuam na fase pré-processual não venham a realizar o julgamento. Um sistema ideal seria aquele em que um juiz exercesse o papel de garantidor dos direitos individuais na fase investigatória, somente deliberando sobre medidas cautelares (Ex. Prisões Provisórias, busca e apreensão, interceptações telefônicas, medidas assecuratórias etc.). Outro órgão jurisdicional deliberaria ainda sobre a viabilidade da acusação (fase do recebimento da denúncia ou queixa).

---

60 Ver TUCCI, Rogério Lauria. *Direitos e Garantias Individuais no Processo Penal Brasileiro*. São Paulo, Saraiva, 1993, p. 25 – 35. O autor afirma a inaplicabilidade do conceito de "lide" ao processo penal, porque neste, o conflito entre o "ius puniendi" e o "iuslibertatis" se dirige à busca de uma verdade que tanto pode ser a da acusação ou a da defesa, ficando o Estado satisfeito com qualquer delas, desde que retrate o justo.

E um terceiro seria o encarregado do julgamento propriamente dito, absolutamente incólume de qualquer influência anterior.

Advoga-se até mesmo pela abolição da "comunhão dos autos" da fase investigatória com os do processo, tendo em mente extirpar qualquer possibilidade de decisão condenatória baseada em elementos colhidos sem a observância do contraditório.[61]

É mais que cristalino que um sistema como o acima mencionado custa caro. A democracia tem um preço economicamente apreciável muitas vezes.

Efetivamente, um judiciário aparelhado, com número aceitável de juízes a possibilitar divisão de funções, ou mesmo uma polícia devidamente preparada e de posse de meios investigatórios científicos, não precisando lançar mão de outras formas de persuasão, geram gastos iniciais altos e de manutenção e aprimoramento contínuos.

Resta saber se há vontade política em realizar essa empreitada ou vamos nos contentar em criticar as instituições que continuarão a operar de maneira obsoleta, somente aceitável em regimes autoritários, nos quais a Justiça pode até ser feita sumariamente, não precisando mais que uma velha máquina de escrever e um funcionário qualquer, a quem se designe o qualificativo de "Autoridade".

Se não podemos, por questões materiais ou financeiras, dar um salto de qualidade em nosso sistema acusatório, certamente podemos caminhar a passos curtos ao invés de retroceder ou permanecer estático. Um início seria evitar a edição de normas que atribuam atos próprios de investigação ao juiz e, até mesmo, alterar os dispositivos já existentes de longa data neste sentido.

A questão ora discutida não é, porém, pacífica na doutrina:[62]

---

61 Ver neste sentido CHOUKE, Fauzi Hassan. *Garantias Constitucionais na Investigação Criminal*. São Paulo, RT, 1995, p. 96/129. Note-se que o autor além de destacar esses problemas, relaciona o tratamento no direito comparado e ressalta os modelos de Itália e Portugal, dentro do chamado "movimento reformista europeu", como atentos à garantia de um sistema acusatório efetivo.

62 A questão da atuação "ex ofício" do Juiz foi tema de fervoroso debate no que tange à Lei de Interceptações Telefônicas.

Luiz Flávio Gomes[63] manifesta-se pela inconstitucionalidade da atuação de ofício pelo juiz.

Marcellus Polastri Lima[64] divide o tema sob dois enfoques, apresentando soluções diferentes: seria inconstitucional toda atuação "ex officio" na fase investigatória (inquérito policial). Mas, na fase processual, a atuação judicial seria legítima. Em apoio e trazendo à baila os Princípios do "livre convencimento" e da "verdade real", surge Paulo Rangel[65] que preceitua:

> "Assim, fazemos distinção: no curso do inquérito policial não pode (e não deve) o juiz decretar a medida de ofício, porém no curso do processo nada obsta que o faça em nome dos postulados acima mencionados."[66]

Interessante notar que essa visão é acolhida pela reforma das cautelares processuais penais, empreendida pela Lei 12.403/11, conforme nova redação dada ao artigo 282, § 2º, CPP. Aliás, essa norma geral de que o juiz somente poderá conceder cautelares de ofício na fase processual conflitaria com o artigo 12 da Lei Antiterrorismo ora em estudo. Entende-se que, inclusive, deveria prevalecer a regra geral do Código de Processo Penal, mediante uma interpretação restrita do dispositivo da Lei 13.260/16. Mesmo admitindo a atuação do juiz de ofício na decretação de medidas assecuratórias, dever-se-ia compreender que isso somente poderia ocorrer na fase processual, mediante uma integração com a norma constante do artigo 282, § 2º, CPP. Acontece que, diversamente

---

63 GOMES, Luiz Flávio, CERVINI, Raúl. *Interceptação telefônica*. São Paulo, RT, 1997, p. 208.

64 Apud, op.cit., p. 198.

65 RANGEL, Paulo. Breves Considerações Sobre a Lei 9296/96 – Interceptação Telefônica. Disponível em www.forense.com.br , acesso em 19.10.2016.

66 Ver ainda no mesmo sentido PARIZATTO, João Roberto. *Comentários à Lei 9296, de 24.07.96*. Leme, LED, 1996, p. 37. "A nosso ver, o juiz só poderá determinar 'ex officio' a interceptação das comunicações telefônicas, durante o curso da instrução processual, pois que no caso de investigação criminal, tal providência deverá ser requerida pela autoridade policial ou pelo órgão do Ministério Público, presumindo-se que o juiz não tem conhecimento das atividades policiais e se fosse necessária a comunicação da autoridade para que o juiz determinasse tal meio de prova, à evidência, caberia à própria autoridade requerê-la."

de outros dispositivos, que, antes da reforma da Lei 12.403/11, não são explícitos quanto à atuação do juiz na fase de investigação, o artigo 12 da Lei Antiterror, permite claramente que o magistrado atue tanto na investigação criminal como no processo penal. Assim sendo, até que se declare a inconstitucionalidade de sua atuação na investigação criminal, forçoso é reconhecer que a norma posterior e especial (artigo 12 da Lei 13.260/16) derroga a norma anterior e geral (artigo 282, § 2º, CPP). Observa-se que mesmo nos casos em que normas anteriores declaravam a possibilidade de atuação "ex officio" do juiz na fase de investigação, entende-se que não poderiam subsistir diante do artigo 282, § 2º, CPP. Mas, ocorre que o artigo 12 da Lei 13.260/16 é norma posterior que derroga, portanto, a anterior.

Por seu turno, Lênio Luiz Streck[67] é contrário em qualquer hipótese à atuação de ofício pelo juiz. Menciona reiteração do legislador no erro de atribuir atividades apuratórias ao juiz em prejuízo da necessária imparcialidade, destacando a então recente Lei do Crime Organizado.[68]

Não obstante, podemos identificar doutrinadores que admitem incondicionalmente a atuação "ex officio". Esta parece ser a lição de Lucas Pimentel de Oliveira e Eron Veríssimo Gimenes[69] ao asseverarem, versando sobre a interceptação telefônica, mas com validade para o caso em estudo:

> "Por fim, e como não poderia ser diferente, o legislador possibilitou ao juiz o deferimento da prova de ofício."

Entende-se, porém, inobstante o dissenso em torno do tema, que o melhor caminho é a preservação da imparcialidade do magistrado, constituindo erros as manutenções e criações de sua atuação "ex ofício" na produção de provas, determinação de cautelares, seja na fase de investigação, seja no processo, salvo para dirimir dúvida que tenha para

---

67 STRECK, Lênio Luiz. *As Interceptações Telefônicas e o Direito Fundamentais*. Porte Alegre, Livraria do Advogado, 1997, p. 65 – 66.
68 Lei 9.034, de 03 de maio de 1995, atualmente revogada pela Lei 12.850/13, que já não repete o mesmo erro.
69 OLIVEIRA, Lucas Pimentel de, GIMENES, Eron Veríssimo. A Escuta Telefônica à Luz da Lei 9.296/96. Disponível em www.doutrinapenal.com.br, acesso em 19.10.2016.

tomar sua decisão final. A verdade é que esta como outras insistências em repetir velhas fórmulas desgastadas e já submetidas à devida crítica, pode ser melhor descrita em sua miséria pelo poeta Mário Quintana do que por qualquer jurista:

"E ai dos caminhos que levam de volta ao mesmo lugar!"[70]

b) LEGITIMADOS ATIVOS PARA O REQUERIMENTO E A REPRESENTAÇÃO QUANTO ÀS MEDIDAS ASSECURATÓRIAS

De acordo com a dicção legal, o pedido pode ser feito pelo Ministério Público, por meio de requerimento, seja na investigação criminal, seja no processo penal ou pelo delegado de polícia, exclusivamente na fase de investigação criminal, vez que não atua diretamente em juízo. Observa-se que andou bem o legislador ao não utilizar a expressão equivocada "autoridade policial", e sim, "delegado de polícia", deixando bem claro e evidente que nenhum outro funcionário público que exerça funções policiais está legitimado a representar pela medida, mas tão somente o "delegado de polícia" civil ou federal.[71]

No caso de representação do delegado de polícia, o juiz, antes de decidir, deverá ouvir o Ministério Público. De qualquer modo, estabelece a lei um prazo curto para a decisão que, como toda cautelar, é marcada pela característica da "urgência". Esse prazo é de 24 horas, contadas da vista do requerimento ou da representação. Trata-se de prazo processual contado hora a hora. Entretanto, sua violação não acarreta sanção processual, sendo válida a medida decretada a destempo, pois que se trata de prazo impróprio.

---

70 QUINTANA, Mário. *Baú de Espantos*. 9ª. ed. São Paulo: Globo, 2001, p. 29.

71 Tem-se em mente, neste ponto, nossa discussão acerca da inconstitucionalidade do disposto no artigo 11 da Lei Antiterror, estabelecendo abstratamente e genericamente a atribuição de Polícia Judiciária à Polícia Federal e a competência jurisdicional à Justiça Federal. Por isso mencionamos aqui também o delegado de polícia civil dos estados, já que se a base fosse somente o disposto no artigo 11 da Lei 13.260/16, obviamente que esse delegado de polícia somente poderia ser o Federal, aliás, como é, até que seja realmente reconhecida a inconstitucionalidade do dispositivo, se é que o será.

c) REQUISITOS PARA O DECRETO DE MEDIDAS ASSECURATÓRIAS

Exige a lei, para o deferimento do pedido de medidas assecuratórias ou seu decreto "ex officio" pelo juiz, a existência de indícios suficientes de crime previsto na Lei Antiterror, bem como de que sejam os bens, direitos ou valores envolvidos instrumentos, produtos ou proveito dos mesmos ilícitos. Portanto, além dos indícios da prática de crimes de terror, há também que haver uma relação de instrumentalidade (instrumentos) ou consequencialidade (produtos ou proveito) entre os bens, direitos ou valores e o crime em questão. Caberá ao delegado de polícia ou ao promotor de justiça em seu pedido e, especialmente, ao juiz, em sua decisão, fundamentar a satisfação desses requisitos imprescindíveis ao decreto da medida cautelar. Além desses requisitos, como qualquer cautelar, as medidas assecuratórias estão sujeitas ao cumprimento do disposto no artigo 282, I e II, CPP, ou seja, necessidade, adequação e proporcionalidade.

Vale ainda observar que os bens, direitos ou valores, podem estar em nome do suspeito, investigado ou acusado ou de "interposta pessoa" (no vulgo, "laranja" ou "testa de ferro").

d) MEDIDAS ASSECURATÓRIAS

Na escorreita lição de Marcão:

> "As *medidas assecuratórias* são providências de cunho patrimonial adotadas em *procedimentos incidentes*, que, portanto, devem ser decididos no curso do processo criminal.
>
> Visam impor restrições à fruição do produto do crime ou qualquer proveito ou vantagem que dele decorra; assegurar a recomposição do patrimônio lesado, com justa indenização ou reparação do dano causado à vítima, bem como o pagamento de eventuais penas pecuniárias e despesas processuais.
>
> São três as medidas assecuratórias tipificadas no CPP, que configuram verdadeiras *medidas cautelares reais,* a saber: (1) *sequestro;* (2) *especialização de hipoteca legal* e (3) *arresto*".[72]

---

72   MARCÃO, Renato. *Curso de Processo Penal*. São Paulo: Saraiva, 2014, p. 395.

Em oportuna síntese, Gomes faz a clara distinção entre as categorias de medidas assecuratórias previstas na legislação pátria:

> "A característica principal de cada instituto é a seguinte: (a) o *sequestro de bens* (que vem do latim *sequestrum*) é uma intervenção estatal sobre o patrimônio do suspeito que tem por objetivo garantir a efetividade do provimento jurisdicional. Sua finalidade primordial é arrecadar os bens (sejam eles móveis ou imóveis), direitos ou valores (ainda que estes estejam em poder de terceiros) que foram auferidos pelo agente com os proveitos da infração. Para sua decretação bastam indícios de uma relação entre a coisa e o delito (nexo etiológico ou nexo de origem). Vale lembrar que com o sequestro os bens saem da posse e administração do investigado; (b) a *hipoteca legal* funciona como uma garantia do pagamento de responsabilidades civis oriundas do delito (e para sua decretação são imprescindíveis os requisitos da certeza da infração e indícios suficientes de autoria); (c) já o *arresto* de bens se assemelha bastante ao sequestro de bens, mas busca primordialmente a retenção de objetos ou instrumentos considerados importantes para a causa pelo juiz".[73]

O regramento das medidas assecuratórias seguirá as disposições estabelecidas nos artigos 125 a 144 – A, CPP, complementadas pelos §§ 1º a 3º do artigo 12 da Lei 13.260/16.

e) ALIENAÇÃO ANTECIPADA – ARTIGO 12, § 1º

O destino de bens perdidos ou confiscados pela Justiça é, em regra, a venda em leilão e a integração ao patrimônio da União.

Mirabete explica com detalhes a questão:

> "Os instrumentos e o produto do crime passam a integrar o patrimônio da União, procedendo-se, conforme a hipótese, a leilão público (arts. 122 e 123 do CPP). Por vezes a lei determina a sua destruição (arts. 124 e 530 – G do CPP) ou que sejam recolhidos a museu criminal, se houver interesse em sua conservação (art.

---

73 GOMES, Luiz Flávio (Coord.). *Nova Lei de Drogas Comentada*. São Paulo: RT, 2006, p. 250.

124 do CPP). Segundo art. 2º, IV, da Lei Complementar n. 79, de 7/1/1994, regulamentada pelo Decreto n. 1.093, de 23/3/1994, os recursos confiscados ou provenientes da alienação dos bens perdidos em favor da União Federal, nos termos da legislação penal ou processual penal constituirão recursos do FUNPEN (Fundo Penitenciário Nacional)".[74]

Contudo, do que se trata aqui não é da perda, mas da alienação antecipada durante o prazo ainda da medida cautelar real assecuratória. Essa alienação, em hasta pública, poderá ser então adiantada, antecipada sempre que, por decisão fundamentada do magistrado, for demonstrado ser isso absolutamente necessário para a preservação dos bens em relação a deterioração ou depreciação em razão de dificuldades para a sua manutenção.

Considerando o disposto no "caput", isso pode se processar de ofício pelo juiz, a requerimento do Ministério Público ou por representação do delegado de polícia.

Com essa alienação antecipada, procura-se preservar não somente o interesse social na manutenção do valor correspondente, mas também do próprio réu ou investigado acaso posteriormente tenha o direito de receber o reembolso do valor.

O disposto no artigo 12, § 1º. em estudo repete praticamente a dicção do artigo 144 – A, CPP e se pode afirmar que o rito para a alienação seguirá o disposto nesse último dispositivo mencionado, conforme seus parágrafos 1º a 6º. Isso porque a Lei 13.260/16 não regula de forma especial a questão. Dessa maneira, não há como negar a aplicação subsidiária do Código de Processo Penal. Perceba-se que diversamente agiu o legislador na Lei de Lavagem de Dinheiro (Lei 9.613/98), tratando também da alienação antecipada, mas apresentando todo o procedimento especial para o caso dos crimes de lavagem de dinheiro (artigo 4º – A da Lei 9.613/98). O mesmo vale para a Lei de Drogas (Lei 11.343/06 – artigo 62, § 4º a 11º.), a qual também institui um subsistema específico. Nada disso ocorre com a Lei Antiterror, razão pela qual se reafirma que

---

[74] MIRABETE, Julio Fabbrini, FABBRINI, Renato N. *Manual de Direito Penal*. Volume I. 30ª. ed. São Paulo: Atlas, 2014, p. 341.

o procedimento será o ordinariamente previsto no Código de Processo Penal, conforme acima já esclarecido.

De forma idêntica à Lei Antiterror, procede logo após a Lei 13.344/16, que versa sobre o tráfico de pessoas (artigo 8º, § 1º.).

Das decisões acerca de deferimento ou indeferimento de medidas assecuratórias ou alienação antecipada de bens, caberá o recurso de apelação, nos termos do artigo 593, II, CPP, considerando que são decisões definitivas.[75]

f) DA LIBERAÇÃO TOTAL OU PARCIAL DE BENS ONERADOS – ARTIGO 12, § § 2º e 3º.

Seguindo toada semelhante às disposições da Lei de Drogas (Lei 11.343/06 – artigo 60, §§ 1º a 3º.) e da Lei de Lavagem de Dinheiro (Lei 9.613/98 – artigo 4º, §§ 2º e 3º.), a Lei Antiterror (Lei 13.260/16) regula a eventual liberação total ou parcial dos bens, direitos e valores submetidos inicialmente a medidas assecuratórias (artigo 12, §§ 2º e 3º.). Novamente tratamento idêntico é encontrável na Lei 13.344/16, referente ao tráfico de pessoas.

Para que esses bens, direitos e valores sejam liberados pelo juiz exige a legislação:

a) Comprovação da licitude de sua origem e destinação;
b) Comparecimento pessoal do acusado ou investigado ou da "interposta pessoa"a que se refere o artigo 12, "caput".

Desde o surgimento dessa espécie de exigências para liberação de bens, tem a doutrina apresentado críticas quanto à possibilidade da instalação de uma suposta "inversão do ônus da prova" em flagrante infração ao "Princípio da Presunção de Inocência". É que, aparentemente, não caberia ao Estado comprovar a origem e/ou destinação ilícitas dos bens, direitos ou valores, mas sim ao acusado ou investigado comprovar sua licitude.

---

75 Cf. MARCÃO, Renato. *Curso de Processo Penal*. São Paulo: Saraiva, 2014, p. 411.

Não obstante, tem havido uma interpretação que procura harmonizar o sistema legalmente estabelecido com o princípio constitucional sobredito e as regras dele derivadas a respeito do ônus probatório.

Dissertando sobre a Lei de Lavagem de Dinheiro, Luiz Flávio Gomes é bastante esclarecedor em seu escólio, plenamente aplicável à Lei Antiterror:

> "É preciso que seja bem compreendido esse dispositivo. Sua literalidade poderia dar ensejo a uma interpretação completamente absurda e inconstitucional e que consistiria na exigência de inversão do ônus da prova (com flagrante violação ao princípio da presunção de inocência). Dito de outra maneira: tem-se a impressão, pelo que está escrito na lei, que os bens só seriam liberados, em qualquer hipótese, quando o acusado comprovasse sua licitude. Estaríamos, nesse caso, diante de interpretação inconstitucional e totalmente errônea. O que o citado parágrafo quer dizer é o seguinte: durante o curso do processo, tendo havido apreensão ou sequestro de bens, se o acusado, desde logo, já comprovar sua licitude, serão liberados imediatamente, sem necessidade de se esperar a decisão final. Considerando-se a apreensão ou sequestro como medida cautelar, a liberação imediata é uma medida de contracautela, reparadora da injustiça ocorrida pouco antes (no momento da privação dos bens). Essa é a única interpretação possível para o texto legal em análise. Mais que isso alcança-se a inconstitucionalidade. De certo modo, há uma inversão do ônus da prova, mas é uma inversão que surge dentro do contexto de uma medida de contracautela, saneadora de um ato injusto precedente. Caso o interessado (proprietário ou possuidor dos bens apreendidos ou sequestrados) não possa ou não queira prontamente comprovar a licitude dos seus bens, deve-se aguardar a sentença final. Sendo absolutória, levanta-se o sequestro (CPP, art. 131) ou a apreensão".[76]

Em obra especializada sobre a questão versada na Lei de Lavagem de Dinheiro, com aplicabilidade ao mesmo tema na Lei Antiterror,

---

76 GOMES, Luiz Flávio. Lei de Lavagem de Capitais: Aspectos Processuais. *Boletim IBCcrim*. n. 65 Edição Especial. Abr., 1998, p. 11.

manifestam-se Márcia Bonfim e Edilson Bonfim, explicando que a redação usada pelo legislador daria margem à interpretação de uma inconstitucional inversão do ônus probatório ou então à consideração de que apenas haveria a necessidade de prova da licitude para a liberação antecipada dos bens. Abraçando a segunda hipótese, afirmam que nem mesmo haveria inversão do ônus probatório para o decreto de medidas assecuratórias ou apreensões, pois que se exigem indícios suficientes do cometimento de crimes e do elo dos bens, direitos e valores com essa atividade. A comprovação desses requisitos continua a cargo do Estado e apenas a liberação antecipada fica condicionada à prova da licitude pelo interessado. Porém, a perda ou confisco somente se dará na sentença, desde que comprovada a ilicitude pelo Estado, vigorando como sempre a regra "in dubio pro reo".[77]

Em apreciação de dispositivo similar da Lei de Drogas, Marcão chega à mesma conclusão, asseverando:

> "Como a decisão que impõe restrição ao direito de propriedade é de natureza cautelar, ainda que o acusado não demonstre, nesse primeiro momento, a origem lícita dos bens, se ao final do processo criminal for absolvido, os bens também deverão ser liberados e restituídos".[78]

Sobre o tema, retornando à Lei de Lavagem de Dinheiro, Nucci afirma que a comprovação da licitude da origem dos bens tem como óbvio efeito a sua liberação imediata. O autor também comunga da tese de que a comprovação da licitude pelo réu ou indiciado somente é exigível na fase cautelar:

> "Entretanto, durante a instrução, o ônus da prova é do indiciado/acusado, ou seja, a liberação somente será feita antes do julgamento da causa, se o interessado provar a licitude da origem dos

---

77 BONFIM, Marcia Monassi Mougenot, BONFIM, Edilson Mougenot. *Lavagem de Dinheiro*. 2ª. ed. São Paulo: Malheiros, 2008, p. 96 – 99.
78 MARCÃO, Renato. *Tóxicos*. 4ª. ed. São Paulo: Saraiva, 2007, p. 533.

bens. Havendo o julgamento, com absolvição, deve dar-se a liberação automaticamente".[79]

Muito embora criticando veementemente dispositivos como o em estudo, Roberto Delmanto, Delmanto Júnior e Fábio Delmanto, consideram que esses trazem sim uma espúria inversão do ônus da prova, chamando à baila o ensinamento de Vicente Gimeno Sendra, que trata essa espécie de inversão como uma "probatio diabólica".[80]

Efetivamente qualquer pretensa inversão do ônus da prova fere de morte o "Princípio Constitucional da Presunção de Inocência". Portanto, é preciso ter em mente que o dispositivo sob comento não é, em si, inconstitucional, como também não o são seus correspondentes nas Leis de Lavagem de Dinheiro e de Drogas. O que pode ser inconstitucional é a sua indevida interpretação e aplicação, considerando a viabilidade de manejo legislativo ordinário de uma inversão do ônus probatório. O ensinamento de que o encargo de provar a licitude dos bens, direitos e valores somente vale para o acusado ou investigado na fase cautelar, como requisito de contracautela e não para o decreto de perdimento ou confisco, é lapidar e oportuna, colocando em equilíbrio, em homenagem à proporcionalidade, adequação e necessidade, o exercício da cautelaridade e o respeito à Presunção de Inocência.

Não se pode olvidar que a cautelaridade pode ser restritiva ou liberatória (contracautela).[81] Em ambos os casos, há necessidade de

---

79 NUCCI, Guilherme de Souza. *Leis Penais e Processuais Penais Comentadas*. São Paulo: RT, 2006, p. 428.

80 DELMANTO, Roberto, DELMANTO JÚNIOR, Roberto, DELMANTO, Fábio M. de Almeida. *Leis Penais Especiais Comentadas*. Rio de Janeiro: Renovar, 2006, p. 579. Cf. SENDRA, Gimeno Vicente, DOMINGUES, Valentin Cortes. *Derecho Procesal – Proceso Penal*. Valencia: Tirantlo Balnch, 1993, p. 76. "A la acusación corresponde, pués,y no a la defensa (quien se vería sometida a uma 'probatio diabolica' de lo sechos negativos) la realización de esa 'actividad probatória de cargo' necessária para desvirtuar la presunción de inocencia prova de fatos negativos".

81 CABETTE, Eduardo Luiz Santos. *Lei 12.403 Comentada*. Rio de Janeiro: Freitas Bastos, 2013, p. 12. Ao reverso das constritivas, as cautelares liberatórias implicam na liberação do sujeito de uma restrição ou privação inicialmente imposta. São exemplos: Concessão de liberdade provisória, liberação de um bem apreendido ou sequestrado ao acusado ou indiciado etc.

comprovação dos requisitos básicos do "fumus boni juris" e do "periculum in mora". Neste caso, num primeiro momento, haveria a necessidade de aferição desses requisitos com a comprovação, pelo Estado, de indícios suficientes de autoria de infração penal prevista na Lei Antiterror e do liame (nexo etiológico ou de origem) entre os bens, direitos e valores e a atividade terrorista. Aí, então, seria possível a constrição. Contudo, num segundo momento, para uma liberação imediata, antes da sentença final, dos bens, direitos e valores, caberia a comprovação da licitude pelo interessado, ensejando então o "fumus boni juris" e o "periculum in mora" necessários para a reversão da cautelar inicialmente decretada. Fato é que qualquer cautelar tem a característica da provisoriedade e da revogabilidade (cláusula "rebus sic stantibus"), não fazendo parte de sua natureza um juízo exauriente ou definitivo da matéria em discussão. Em outros termos, na decisão a respeito do decreto ou revogação de uma cautelar, inclusive de uma medida assecuratória, há que reconhecer que a atuação judicial será marcada pela "sumariedade", pois o nível de cognição das medidas cautelares quanto à profundidade é sumário, ou seja, não exauriente. Não se trabalha com certeza, mas com probabilidade hipotética. A cognição é meramente superficial e não aprofundada o que se reserva para a tutela jurisdicional final. Sustentam-se as cautelares na probabilidade de dano e de direito.[82]

Há também, no artigo 12, § 3º, a determinação de que nenhum pedido de liberação será sequer "conhecido", ou seja, analisado, sem que o requerente (acusado ou pessoa interposta mencionada na lei) compareça p*essoalmente.* Estabelece ainda o mesmo dispositivo que no caso de manutenção da restrição dos bens, direitos e valores, caberá ao juiz "determinar a prática dos atos necessários" à sua conservação, inclusive podendo valer-se de sua alienação antecipada para evitar deterioração, depreciação ou em caso de dificuldade de manutenção (artigo 12, § 1º.).

Para Gomes, comentando disposição similar da Lei de Drogas (Lei 11.343/06), essa exigência de comparecimento pessoal para a liberação decorreria naturalmente do "modelo de política criminal adotado pelo legislador quanto aos aspectos de aplicabilidade material da lei".[83]

---

82 *Op. Cit.*, p. 14.
83 GOMES, Luiz Flávio (Coord.). *Nova Lei de Drogas Comentada.* São Paulo: RT, 2006, p. 256.

Nucci não vê óbice nessa exigência e a considera mesmo decorrente da lógica que rege o procedimento liberatório cautelar:

> "A restituição de coisa considerada indisponível pelo juiz deve ser feita diretamente ao acusado. Evita-se, com isso, o uso de interposta pessoa, perpetuando-se a dúvida quanto à origem. Ora, no parágrafo anterior, determina-se a liberação dos bens quando comprovada sua origem lícita. Casando-se com este parágrafo, deve-se entender o seguinte: se o acusado foi citado por edital e está ausente, querendo seus bens de volta, o mínimo que se espera é o seu comparecimento pessoal em juízo para reclamar o que, em tese, legitimamente lhe pertence. No entanto, se não faz questão da devolução imediata, pode aguardar o final da instrução. Se for absolvido, os bens serão automaticamente liberados. Se os quiser antes do término da instrução, deve buscá-los diretamente. Não vemos óbice à aplicação da norma".[84]

Conforme destaca Renato Marcão, é inadmissível que o acusado ou indiciado "se faça representar por procurador no ato de comparecimento em Juízo". Não se prescinde de sua "presença física". Somente após o seu comparecimento pessoal "é que, admitido o pedido, caberá a efetiva restituição, em sendo o caso".[85]

Essa inflexibilidade legal é criticada por Delmanto, Delmanto Júnior e Fábio Delmanto, que a consideram "desproposidata" e violadora até mesmo das prerrogativas do advogado que pode representar o cliente com poderes especiais para levantamento dos bens. Os autores acenam com infração ao direito a não autoincriminação e ao silêncio, a permitirem que o indiciado ou réu simplesmente não compareça.[86]

Não obstante a parca visão crítica existente em relação a dispositivos similares já previstos na Lei de Drogas e na Lei de Lavagem de Dinheiro e agora repetido na Lei Antiterror, entende-se que razão assiste aos autores por último mencionados.

---

84 NUCCI, Guilherme de Souza. *Op. Cit.*, p. 428.
85 MARCÃO, Renato. *Tóxicos*. 4ª. ed. São Paulo: Saraiva, 2007, p. 533.
86 DELMANTO, Roberto, DELMANTO JÚNIOR, Roberto, DELMANTO, Fábio M. de Almeida. *Leis Penais Especiais Comentadas*. Rio de Janeiro: Renovar, 2006, p. 579 – 580.

G) MEDIDAS ASSECURATÓRIAS E REPARAÇÃO DE DANO DECORRENTE DE INFRAÇÃO PENAL ANTECEDENTE – ARTIGO 12, § 4º.

Há previsão legal de que o juiz poderá decretar medidas assecuratórias sobre bens, direitos ou valores com a finalidade de reparação do dano decorrente da *infração penal antecedente ou da prevista* na lei antiterror ou mesmo para o pagamento de prestação pecuniária, multa e custas.

Para além de redundante, pois que as medidas assecuratórias têm mesmo essa finalidade de reparação (então bastaria a previsão do artigo 12, "caput", principalmente em relação à "especialização de hipoteca"), trata-se de característica intrínseca; o dispositivo em destaque traz uma disposição absolutamente incompatível com a natureza das infrações previstas na Lei Antiterror. É que se refere à reparação de danos de *infração penal antecedente*. Ora, os crimes de terrorismo não são aqueles denominados doutrinariamente como "crimes acessórios"[87] ou parasitários"[88] para cuja existência há de ocorrer um ilícito antecedente (v.g. receptação), são *crimes principais*.[89] Assim sendo, exsurge, sem qualquer sentido, a previsão da decretação de medidas assecuratórias para fins de reparação do "dano decorrente da infração penal antecedente". Indaga-se: qual infração penal antecedente? O dispositivo é desnecessário e indevido no contexto em que é posto. Ademais, se há neste ponto o pensamento de algum crime perpetrado para obter meios ou recursos para as práticas terroristas, com vistas, por exemplo, ao artigo 6º e seu Parágrafo único da Lei 13.260/16, então esse crime será apenas conexo teleologicamente[90] ao terrorismo, sem relação de acessoriedade ou parasitismo, não necessitando da previsão do artigo 12 § 4º para ensejar medidas assecuratórias para

---

87 NORONHA, Edgard Magalhães. *Direito Penal*. Volume 1. 27ª. ed. São Paulo: Saraiva, 1990, p. 109.

88 HUNGRIA, Nelson. *Comentários ao Código Penal*. Volume VII. 3ª. ed. Rio de Janeiro: Forense, 1967, p. 303.

89 NORONHA, Edgard Magalhães. *Op. Cit.*, p. 109. Diz-se dos crimes que não dependem de crime antecedente para a sua existência.

90 ESTEFAM, André. *Direito Penal*. Volume 1. São Paulo: Saraiva, 2010, p. 99. A *"conexão objetiva teleológica* ocorre quando uma infração é praticada para garantir a execução de outra". No caso em estudo, seria um exemplo a prática de um roubo a banco para angariar fundos para uma organização terrorista.

qualquer fim ali proposto, bastando, para tanto, as disposições ordinárias do Código de Processo Penal (artigos 125 a 144 – A).

O que parece ter ocorrido é que o legislador procedeu a uma colagem imponderada do que vem disposto na Lei de Lavagem de Dinheiro (Lei 9.613/98), a qual efetivamente trata de crime acessório ou parasitário, não se dando conta de que a disposição não se adequa aos casos de terrorismo (artigo 1º c/c artigo 4º, § 4º da Lei 9.613/98, com redação dada pela Lei 12.683/12).

Art. 13 Quando as circunstâncias o aconselharem, o juiz, ouvido o Ministério Público, nomeará pessoa física ou jurídica qualificada para a administração dos bens, direitos ou valores sujeitos a medidas assecuratórias, mediante termo de compromisso.

A previsão dessa medida judicial com a manifestação do Ministério Público tem ligação umbilical sistemática com a necessidade de conservação e manutenção dos bens, direitos e valores a que se faz referência no artigo 12, §§ 1º e 3º, "in fine" da Lei 13.260/16.

Eventualmente os bens, direitos e valores dependerão de uma administração, inclusive especializada, como, por exemplo, a gerência de direitos acionários, imobiliários, aluguéis, rendas, empresas, investimentos etc.

Art. 14 A pessoa responsável pela administração dos bens:

I – fará jus a uma remuneração, fixada pelo juiz, que será satisfeita preferencialmente com o produto dos bens objeto da administração;

II – prestará, por determinação judicial, informações periódicas da situação dos bens sob sua administração, bem como explicações e detalhamentos sobre investimentos e reinvestimentos realizados.

Parágrafo único - Os atos relativos à administração dos bens serão levados ao conhecimento do Ministério Público, que requererá o que entender cabível.

Estabelecida no artigo 13 a possibilidade de o juiz, ouvido o Ministério Público, nomear administrador para gerir os bens, direitos e valores sujeitos à restrição, vem o artigo 14 dispor sobre os direitos e obrigações desse administrador.

À semelhança do que ocorre com o administrador judicial, por exemplo, na Lei de Falências e Recuperação Judicial e Extrajudicial de Empresas (Lei 11.101/05 – artigos 21, 24 e 25), ao administrador caberá uma justa remuneração por seus trabalhos, devidamente fixada pelo juiz. Dita a lei que esse pagamento será satisfeito *preferencialmente* com os bens objeto de administração. Isso significa que poderá também, se os bens não forem suficientes, vir a arcar com custas o condenado pelo crime previsto na Lei 13.260/16, incidindo a obrigação sobre seu patrimônio pessoal não submetido a restrições processuais penais.

Um problema aqui se nos apresenta: em caso de absolvição ou mesmo de liberação antecipada em contracautela, não havendo então bens constritos nem culpabilidade que justifique a responsabilização do investigado ou acusado pelo pagamento de custas, como ficará a remuneração desse administrador?

Uma certeza existe: esse pagamento não poderá sair dos bens que foram indevidamente bloqueados e agora foram liberados em caso de contracautela ou absolvição. Ora, a constrição patrimonial já se mostrou indevida, agora uma execução de valor sobre esses bens para pagar um administrador que era, na verdade, desnecessário, seria o cúmulo da injustiça para com o réu ou investigado. Mais impossível e insustentável ainda é que as custas sejam cobradas diretamente do restante do patrimônio do réu ou indiciado, patrimônio esse que não havia sido sequer objeto de suspeita.

Entende-se que o Juiz deverá expedir uma declaração na sentença absolutória ou na decisão de liberação antecipada, com fixação dos valores a serem pagos ao administrador, o qual deverá requerer o recebimento junto à Fazenda Pública, inicialmente de forma administrativa e, na negativa do pagamento, por via processual civil. Obviamente esse será um ônus para o administrador e acarretará grande demora no recebimento dos honorários devidos, mas é o único caminho viável numa situação como a exposta.

Correspondendo ao bônus que é o pagamento de uma remuneração judicialmente fixada por seus serviços, vem o ônus da prestação de contas ao Judiciário e Ministério Público, conforme consta no artigo

14, II e seu Parágrafo único. Não se poderia esperar outra coisa senão a responsabilidade do administrador de expor claramente seus atos de administração e gerência dos bens, valores e direitos, sempre com vistas à conservação e manutenção, seja para fins de indenizações, custas, multas ou perdimento e incorporação ao patrimônio da União, seja para a restituição ao réu absolvido ou liberação antecipada ao suspeito que comprove a origem lícita ainda na fase cautelar, sem algum prejuízo, desvalorização ou deterioração. Em suma, o administrador tem dupla responsabilidade, sob o aspecto do interesse público e sob o aspecto do interesse particular do investigado ou acusado.[91]

Pode-se afirmar que o administrador judicial, seja na Lei Antiterror em estudo, seja na Lei de Falências ou em qualquer outra situação, não é equiparado a funcionário público, pois que não exerce "função pública", mas e*ncargo* ou "múnus" público tal qual tutores, curadores, inventariantes, depositários judiciais, testamenteiros, liquidatários etc.

Ensina a doutrina que o conceito de "funcionário público", exposto no Código Penal, é bem mais amplo do que aquele previsto no Direito Administrativo, correspondendo muito mais à definição de "agente público".[92] No entanto, não pode ser confundido com o mero "múnus público".[93]

Assim sendo, o administrador, acaso incida em ilícito em sua atividade, por exemplo, desviando bens administrados, poderá responder por crimes comuns do Código Penal ou legislação extravagante, tais

---

91 Tratando do tema com idêntico tratamento na Lei de Lavagem de Dinheiro assim se manifesta Nucci: "Em algumas situações, conforme o bem apreendido, é preciso a administração de alguém, sob pena de perecimento, o que não se deseja, pois pode prejudicar o legítimo proprietário ou o Estado, em caso de confisco". NUCCCI, Guilherme de Souza. *Leis Penas e Processuais Penais Comentadas*. São Paulo: RT, 2006, p. 429.

92 OLIVEIRA E COSTA, Paulo Sérgio de, OLIVEIRA, Willian Sampaio de. *Direito Penal – Crimes contra a Administração Pública*. 2ª. ed. São Paulo: Atlas, 2007, p. 2.

93 NORONHA, Edgard Magalhães. *Direito Penal*. Volume 4. 17ª. ed. São Paulo: Saraiva,1986, p. 203. No mesmo sentido: GRECO, Rogério. *Código Penal Comentado*. 10ª. ed. Niterói: Impetus, 2016, p. 1102. Em obra especializada vide: COGAN, Arthur. *Crimes contra a administração pública*. São Paulo: Juarez de Oliveira, 2003, p. 112.

como furto, estelionato, apropriação indébita, crimes contra a ordem tributária etc. e não crimes funcionais como o peculato. Além disso, obviamente estará sujeito às sanções civis cabíveis nos termos do artigo 186 c/ 927, CC pela prática de ato ilícito e causação de prejuízo a outrem, seja o prejudicado o suspeito, acusado, condenado (este no caso de perda parcial dos bens) ou réu absolvido, seja o próprio Estado, no caso de condenação final e perdimento ou confisco. Não se pode ainda olvidar que o administrador será responsável solidário com o Estado, dada sua nomeação pelo Judiciário, sendo a responsabilidade civil do Estado aquela objetiva mencionada no artigo 927, Parágrafo único, CC e, mais especificamente, no artigo 37, § 6º, CF perante o indiciado ou acusado. O pagamento de indenização sem necessidade de comprovação de dolo ou culpa pelo Estado ao prejudicado, ensejará o direito de regresso do Estado contra o administrador, comprovando seu dolo ou culpa (responsabilidade subjetiva) (inteligência do artigo 37, § 6º, CF). Acaso os bens, direitos ou valores devam ser incorporados, ao final, ao patrimônio da União, dada a condenação do suspeito e comprovação de sua origem ou finalidade ilícitas, então caberá ao Estado, por intermédio da Procuradoria da Fazenda Pública, acionar o administrador infrator para a indenização cabível ao erário público.

Deve-se observar que o previsto nos artigos 13 e 14, I e II e Parágrafo único da Lei 13.260/16 são cópias autênticas do previsto anteriormente na Lei 9.613/98 com relação aos crimes de lavagem de capitais (artigos 5º e 6º, I e II e Parágrafo único).

Art. 15 O juiz determinará, na hipótese de existência de tratado ou convenção internacional e por solicitação de autoridade estrangeira competente, medidas assecuratórias sobre bens, direitos ou valores oriundos de crimes descritos nesta Lei praticados no estrangeiro.

§ 1º Aplica-se o disposto neste artigo, independentemente de tratado ou convenção internacional, quando houver reciprocidade do governo do país da autoridade solicitante.

§ 2º Na falta de tratado ou convenção, os bens, direitos ou valores sujeitos a medidas assecuratórias por solicitação de autoridade estrangeira competente ou os recursos provenientes da sua alienação

serão repartidos entre o Estado requerente e o Brasil, na proporção de metade, ressalvado o direito do lesado ou de terceiro de boa fé.

Mais uma vez, agora no que diz respeito à aplicabilidade de medidas assecuratórias sobre bens, direitos ou valores originários de crimes de terrorismo perpetrados no estrangeiro, a Lei 13.260/16 procede a uma cópia literal do tratamento do tema na Lei de Lavagem de Capitais (Lei 9.613/98 – artigo 8º, §§ 1º e 2º).

A medida é salutar, dada a possibilidade de terrorismo internacional ou transnacional e colaboração entre os países para o enfrentamento desse ingente problema.

Todas as providências previstas nesses dispositivos dependem, obviamente, de expedição de Carta Rogatória por parte da autoridade do país estrangeiro. Para o cumprimento dessa Carta Rogatória pelo Juiz Federal da região em que se ache o bem, imprescindível será o "exequatur" do Presidente do Superior Tribunal de Justiça, nos termos do artigo 105, I, "i", "in fine", CF, conforme bem alerta Nucci ao tratar do mesmo tema em comentários à Lei de Lavagem de Capitais.[94]

Sobre o terrorismo e os tratados e convenções internacionais, remete-se o leitor ao Capítulo III deste trabalho, em que são arrolados os principais diplomas que tratam do tema em questão.

Art. 16 Aplicam-se as disposições da Lei 12.850, de 2 de agosto de 2013, para a investigação, processo e julgamento dos crimes previstos nesta lei.

Além da necessidade de integração da Lei 13.260/16 com a Lei do Crime Organizado (Lei 12.850/13) para a correta noção do que seja uma "organização criminosa terrorista" a que se refere o artigo 3º da

---

94 NUCCCI, Guilherme de Souza. *Leis Penais e Processuais Penais Comentadas*. São Paulo: RT, 2006, p. 430. Observa-se em crítica construtiva que há erro material na obra de Delmanto, Delmanto Júnior e Fábio Delmanto, os quais ainda fazem referência ao "exequatur" do STF, nos termos do artigo 102, I, "h", CF, hoje revogado pela Emenda Constitucional 45, de 08.12.2004, a qual também acrescentou a alínea "i" no artigo 105, I, CF, tratando da competência para tanto agora do STJ. Cf. DELMANTO, Roberto, DELMANTO JÚNIOR, Roberto, DELMANTO Fábio M. de Almeida. *Leis Especiais Comentadas*. Rio de Janeiro: Renovar, 2006, p. 583.

Lei Antiterror, o artigo 16 desse último diploma determina a aplicação da Lei 12.850/13, com todos os seus instrumentos, para a investigação, processo e julgamento dos crimes de terrorismo.

Observa-se que a instrumentalização da Lei 12.850/13 não é restringida apenas aos casos em que se trata de uma organização criminosa terrorista, mas amplia-se para qualquer caso envolvendo crimes previstos na Lei Antiterror (Lei 13.260/16). Ou seja, para a aplicação dos dispositivos da Lei 12.850/13, excepcionalmente, não se exige que haja as características de uma "organização criminosa".

O disposto no artigo 16, ora em comento, reforça o entendimento, já exposto neste trabalho, de que o conceito e conteúdo do que seja uma "organização terrorista", nos termos do artigo 3º da Lei 13.260/16, não prescinde da integração com os ditames da Lei do Crime Organizado e os requisitos legais para caracterização de uma organização criminosa (artigo 1º, § 1º, da Lei 12.850/13).

A aplicação da Lei 12.850/13 aos crimes de terrorismo em atividade organizada ou não, grupal ou individual, permitirá, em suma, a aplicação dos seguintes procedimentos: colaboração premiada; ação controlada; infiltração de agentes; acesso a registros, dados cadastrais documentos e informações; captação ambiental de sinais eletromagnéticos, ópticos e acústicos; interceptação de comunicações telefônicas e telemáticas; quebra de sigilos financeiro, bancário e fiscal; cooperação entre instituições e órgãos federais, distritais, estaduais e municipais na busca de provas e informações de interesse da investigação ou da instrução criminal e decreto de sigilo judicial, respeitadas as prerrogativas de defensor.[95]

Percebe-se que o enfrentamento do terrorismo no Brasil segue o modelo internacional de legislação de emergência e exceção. Efetivamente a conduta em destaque é de suma gravidade, mas há que ter o devido cuidado para não recair numa absolutização do bem "segurança" em detrimento da liberdade e demais garantias individuais, o que também pode descambar para um terror de Estado, típico da chamada "cultura

---

[95] Para maior aprofundamento sobre cada um dos temas: CABETTE, Eduardo Luiz Santos, NAHUR, Marcius Tadeu Maciel. *Criminalidade Organizada & Globalização Desorganizada*. Rio de Janeiro: Freitas Bastos, 2014, p. 172 – 271 e p. 286 – 290.

de emergência".⁹⁶ Cultura essa que faz com que o "estado de exceção" tenda a "cada vez mais se apresentar como paradigma de governo dominante na política contemporânea". Passa-se a viver num constante "estado de emergência" em que medidas de caráter excepcional se tornam técnica comum ou corriqueira de governo. Nessas circunstâncias, já não se sabe bem onde ficam os limites entre o Estado Democrático de Direito e o Estado de Exceção, entre o arbítrio e a democracia. Exsurge "um patamar de indeterminação entre a democracia e o absolutismo".⁹⁷ E isso já faz parte da experiência estrangeira. Nos EUA, por exemplo, o "Patriot Act" autorizava as forças de inteligência e segurança a interceptarem e–mails de grupos e indivíduos suspeitos de envolvimento em terrorismo, independentemente de qualquer autorização judicial prévia, isso abrangendo nacionais e estrangeiros.⁹⁸ Essa situação se prolongou até a expedição do chamado "Freedom Act" que continua permitindo o monitoramento de grupos e pessoas, mas não mais em massa e de forma ostensiva. Também passa a ser necessária autorização judicial para acesso a dados, informações e obtenção de interceptações.⁹⁹ Entretanto, continuam várias espécies de monitoramento invasivos, tais como vigilância de pessoas, podendo ser praticados sem qualquer controle jurisdicional, o que tem sido alvo de muitas críticas de juristas do próprio país e do exterior.¹⁰⁰ Na Inglaterra, devido à atuação do IRA (*Provisional Irish Repubican Army*), no ano de 1998, adotou-se na Irlanda do Norte uma noção de "supressão de direitos e garantias individuais" aplicável aos supostos criminosos envolvidos em atos terroristas. Formulou-se um sistema totalmente diverso do utilizado para a criminalidade dita comum, numa clara e evidente manifestação daquilo que se conheço como "Direito Penal do Inimigo". Em 2005, esses regramentos foram tornados ainda mais rígidos por intermédio do denominado "Terrorism

---

96 CHOUKR, Fauzi Hassan. *Processo Penal de Emergência*. Rio de Janeiro: Lumen Juris, 2002, p. 4.

97 Cf. AGAMBEN, Giorgio. *Estado de Exceção*. Trad. Iraci D. Poleti. São Paulo: Boitempo, 2004, p. 13.

98 ESSADO, Thiago Cintra. *Terrorismo conforme o Direito Americano*. São Paulo: Fórum, 2014, p. 143.

99 MAGALHÃES, Naiane Freire de. Elementos de investigação do terrorismo no âmbito do Direito Comparado: garantias X eficácia. *Boletim IBCCrim*. n. 287, out., 2016, p. 16.

100 *Op. Cit.*, p. 16 – 17.

Act 2006", havendo possibilidade de aplicação de sanções por via meramente administrativa, sem sequer atuação do Judiciário. Chegou-se a autorizar a prisão, "por tempo indeterminado", de estrangeiros catalogados como suspeitos de terrorismo internacional, sem necessidade de ordem judicial, processo ou acusação formal. Obviamente, logo esse estado de coisas foi considerado violador da "Convenção Europeia de Direitos Humanos", razão pela qual a Corte Suprema Inglesa invalidou essas supressões.[101]

Há que zelar para que também a legislação brasileira não consolide esse destino de um "progresso rumo ao retrocesso" de que fala com propriedade a autora lusitana Anabela Miranda Rodrigues.[102]

O "Direito Penal do Inimigo" não é apenas uma teoria abstrata. Ele se apresenta concretamente nas legislações ao redor do mundo e no nosso país. E, conforme destaca Valente:

> "O inimigo da contemporaneidade é, para G. Jakobs e discípulos, *o terrorista*, o traficante de droga, o traficante de armas e de seres humanos, os membros de organizações de crime organizado transnacional; delinquente de elevada perigosidade e ser nefasto à comunidade e, como tal, deve-se submeter à construção jurídico–penal de *inimigo*. Mas, será o Direito Penal o campo de intervenção para os *inimigos*? Será que é essa a legitimidade que queremos entregar ao *iuspuniend*: o uso de todos os meios ao alcance para diminuir ou cognitivamente inocuizar o ser presuntivamente perigoso: *hostis judicatus*"?[103]

Denunciar a tendência nefasta à adoção de um Direito Penal do Inimigo na legislação brasileira e mundial sobre terrorismo, crime organizado, crimes financeiros etc., não é jamais advogar a tese da impunidade. Trata-se tão somente de não permitir que a razão e o equilíbrio se percam em atitudes impulsivas. Retornando a Valente:

---

101 *Op. Cit.*, p. 17.

102 RODRIGUES, Anabela Miranda. Política Criminal – Novos velhos rumos. In: *Liber Discipulorum Jorge de Figueiredo Dias*. Coimbra: Coimbra Editora, 2003, p. 210.

103 VALENTE, Manuel Monteiro Guedes. *Direito Penal do Inimigo e o Terrorismo*. Coimbra: Almedina, 2010, p. 19.

"Adite-se que a existência de garantias processuais penais não significa impunidade e muito menos poderá significar garantia de que pode ou está legitimado a delinquir. Garantismo significa a existência de normas processuais penais que possibilitem ao inocente provar a sua inocência ou a justificação ou exculpação do seu comportamento. O Direito Penal do cidadão exige que se olhe o Direito Processual como Direito por excelência dos inocentes".[104]

Não é missão fácil, mas o grande desafio está em encontrar um ponto de equilíbrio entre segurança e garantias. Não se pode desprezar a segurança, mas também não é possível sacrificar os Direitos Fundamentais sem qualquer critério, mesmo porque isso também é fator causador de insegurança, seja jurídica, seja de fato. Quem pode viver tranquilo num Estado Policial Totalitário? Na dicção de Amaral:

"O problema essencial que o terrorismo internacional de grande envergadura põe ao Direito é o de encontrar um novo equilíbrio entre as necessidades de segurança nacional e as do respeito pelos direitos fundamentais".[105]

O olvidar dessa necessidade de justo equilíbrio faz com que as fronteiras entre os agentes estatais responsáveis pela segurança e os criminosos se obnubile ou se torne opaca. Em pouco tempo já não saberemos mais distinguir, no bojo de um sistema de Direito Penal do Inimigo, quem é nosso maior inimigo; se o tal "inimigo" ou se o próprio Estado opressor.[106]

Imprescindível não perder de vista o ensinamento de Radbruch que apresenta o Direito Penal como limite ou elemento garantidor do indivíduo perante o arbítrio do Estado e não como via ou instrumento de concretização do arbítrio.[107] Em semelhante raciocínio, conclui também Goldschmidt que o Processo Penal de um país é o "termômetro

---

104 *Op. Cit.*, p. 49.
105 AMARAL, Diogo Freitas do. *Do 11 de Setembro à Crise do Iraque*. 5ª. ed. Lisboa: Bertrand , 2003, p. 21.
106 VALENTE, Manuel Monteiro Guedes. *Op. Cit.*, p. 64.
107 RADBRUCH, Gustav. *Introdução à Ciência do Direito*. Trad. Vera Barkow. São Paulo: Martins Fontes, 1999, p. 105 – 124.

do corporativo ou autoritário que o constitui".[108] Ou seja, se o Processo Penal é via de arbítrio, então estamos diante de um país autoritário; se o Processo Penal é via de proteção e concreção dos direitos fundamentais do acusado ou investigado, então estamos diante de um país democrático e respeitador dos direitos fundamentais.

Não é em outro sentido que se move o pensamento ilustrado de Ferrajoli, defendendo a tese de que o Direito Penal não pode ser abolido, eis que se constitui, em verdade, em um limite ao arbítrio de vinganças desreguladas.[109] Afirma o autor italiano:

> "(...), Pode-se dizer que a pena é justificada como *mal menor* – ou seja, somente se menor, menos aflitiva e menos arbitrária – se comparada com outras reações não jurídicas, que, é lícito supor, se produziriam na sua ausência; e que, de forma mais geral, o monopólio estatal do poder punitivo é tanto mais justificado quanto mais baixos forem os custos do direito penal em relação aos custos da *anarquia punitiva*".[110]

Não obstante, o Direito Penal do Inimigo grassa nas legislações e, o que é pior, nas mentalidades das pessoas leigas e até mesmo dos atores e estudiosos do Direito. Por isso, não é somente uma questão jurídica que pode nortear a adoção de um Direito Penal e Processual Penal marcados pelo equilíbrio, mas também uma questão cultural e de ideias. Observa-se que mesmo com a existência de barreiras de contenção legais e constitucionais para essa postura belicista no campo criminal, há uma espécie de *praxe penal subterrânea* que fomenta a postura autoritária a desprezar os direitos fundamentais em nome de uma suposta segurança. Como bem salienta Casara:

> "È mais que premente levar em conta que, ao lado do sistema penal ideal, com seus discursos alheios à realidade, existe o sistema

---

108 GOLDSCHMIDT, James. *Princípios Gerais do Processo Penal*. Belo Horizonte: Líder, 2002, p. 71.

109 FERRAJOLI, Luigi. *Direito e Razão*. Trad. Ana Paula Zomer, et al. São Paulo: RT, 2002, p. 270.

110 *Op. Cit.*, p. 271.

penal real, *locus* das práticas e das consequências concretas do funcionamento desse conjunto".[111]

E é exatamente a falta dessa percepção mais aguda sobre o que realmente p*ode* e o que realmente é o sistema penal que faz surgir uma crença irracional em sua capacidade para a solução dos mais graves problemas sociais. Nesse quadro, o recrudescimento das normas penais, processuais penais e de execução penal, aparece como solução mais óbvia e imediata para todo e qualquer conflito, o que não corresponde à verdade e não passa de um mito deletério.

Não se pode dizer que o terrorismo não deva ser tratado *também* na seara criminal. Há efetivamente que reconhecer, conforme salienta Paschoal, que há um "mínimo irrenunciável" de bens jurídicos que não podem ser alijados da tutela penal, inclusive de acordo com mandamentos constitucionais de incriminação.[112] E o terrorismo certamente integra esse núcleo duro irrenunciável à atuação da repressão criminal.

No entanto, há que reconhecer concomitantemente que o terrorista, em sua maioria, está imbuído de uma *certeza psicológica* de que age movido por princípios irrenunciáveis, eventualmente por mandamentos de ordem religiosa, que lhe garantem a legitimação indiscutível de qualquer ato, bem como recompensas pessoais capazes de tornar as ameaças penais muito pouco intimidativas, ainda que se estabeleça uma pena de morte. Com razão salienta Martins que pretender "conter o terrorismo político–religioso em linha armada e ameaça de pressões, inclusive pena de morte, nada significa".[113]

Com propriedade, pode-se falar em "brechas" que uma "tradição autoritária" consegue produzir mesmo num sistema formalmente democrático.[114] Como já dito acima, essas "brechas" não são fruto do mundo jurídico visto de forma isolada, mas são resultado de toda uma

---

111 CASARA, Rubens R. R. *Mitologia Processual Penal*. São Paulo: Saraiva, 2015, p. 199.
112 PASCHOAL, Janaína Conceição. *Constituição, Criminalização e Direito Penal Mínimo*. São Paulo: RT, 2003, p. 147 – 148.
113 MARTINS, Ives Gandra da Silva. *Uma Breve Teoria do Poder*. 2ª. ed. São Paulo: RT, 2011, p. 210.
114 CASARA, Rubens R. R. *Op. Cit.*, p. 240.

conformação cultural que as possibilita com a difusão de ideias. É preciso lembrar com Castro, o que significa a "cultura":

> "A cultura é um conjunto de símbolos, de significados, de crenças, de atitudes e de valores que têm como característica o fato de serem compartilhados, de serem transmissíveis e de serem apreendidos".[115]

Contudo, é preciso ter presente, e bem presente, a noção básica racional de que exigir o respeito aos direitos fundamentais de qualquer suspeito não pode significar a legitimação e muito menos a apologia a condutas altamente reprováveis como, por exemplo, os atos de terrorismo.

Magnoli narra que após o lamentável e abjeto 11 de setembro, parte da "intelectualidade" (sugere-se um neologismo mais adequado – "intelectualoidade", de "intelectualóide", mistura de "intelectual" com debilóide), de esquerda passou a interpretar o ato bárbaro terrorista como um "louvável" "golpe no império americano" e sinal de sua decadência estratégica. O autor narra que em um debate um "professor universitário" fez uma saudação explícita aos "fundamentalistas islâmicos" que estariam "liderando a luta anti–imperialista". O sintoma constatado por Magnoli é preciso:

> "O fascínio pelo terror diz muito sobre a degeneração de correntes de esquerda que não conseguem esconder sua profunda hostilidade à democracia, mas nada diz sobre a natureza do terror...".[116]

Ora, somente alguém numa situação de absoluta supressão de racionalidade provocada pela ideologização profunda pode pretender defender de qualquer forma a conduta de terroristas que, em nome de uma qualquer bandeira, ceifam vidas humanas em atos covardes e indignos. E pior, não ter a noção (e talvez mesmo nem se preocupar com isso) de que tanto quanto o desrespeito aos direitos fundamentais de suspeitos e acusados, o terrorismo e outros atos de violência arbitrária ferem de morte esses mesmos direitos fundamentais e abalam o sistema democrático.

---

115 CASTRO, Lola Anyar de. *Criminologia da Reação Social*. Trad. Ester Kosovski. Rio de Janeiro: Forense, 1983, p. 10.
116 MAGNOLI, Demétrio. *Terror Global*. São Paulo: Publifolha, 2008, p. 7.

Tendo em vista o disposto no artigo 16 da Lei 13.260/16 em estudo, o procedimento a ser adotado para a instrução e julgamento dos crimes de terrorismo e conexos ou continentes será o ordinário previsto no Código de Processo Penal (artigo 394, I, CPP c/c artigo 22 da Lei 12.850/13).

Na verdade, mesmo no silêncio da Lei 13.260/16, normalmente seria, ao menos em regra, aplicável o procedimento ordinário do Código de Processo Penal aos crimes de terrorismo, vez que todos têm pena máxima superior a quatro anos. Mesmo nos casos do artigo 5º, que incrimina os atos preparatórios, ainda que aplicando a redução máxima prevista no "caput", o máximo que ocorreria apenas no caso do artigo 3º da Lei 13.260/16 seria chegar a uma pena máxima de 4 anos, o que ainda manteria o procedimento ordinário (inteligência do artigo 394, I, CPP).

Contudo, no caso de diminuição máxima prevista no artigo 5º, § 2º, da Lei 13.260/16 (2/3) poderia haver, também somente na hipótese do artigo 3º, do mesmo diploma, uma pena máxima inferior a 4 anos. Nesse caso, mesmo assim, por força do artigo 16 da Lei 13.260/16 e artigo 22 da Lei 12.850/13, o procedimento continuaria sendo o ordinário, já que tanto a Lei 13.260/16 como a Lei 12.850/13 são posteriores e derrogam o disposto no artigo 394, I e II, CPP. Nos demais crimes, mesmo nos casos do artigo 5º, § 2º, da Lei Antiterror e com a redução máxima prevista, a pena "in abstracto" superará a 4 anos, sendo natural o procedimento ordinário.

Entende-se também que, mesmo no caso de aplicação de arrependimento eficaz ou desistência voluntária, de acordo com o artigo 15, CP c/c artigo 10 da Lei 13.260/16, sendo eventual infração penal residual (o agente responde apenas pelos atos até então cometidos) de procedimento originariamente sumário ou sumaríssimo, continua sendo aplicado o procedimento ordinário. Primeiro porque, inicialmente se estará tratando de um crime de terrorismo em tese. Segundo porque não haverá como escapar da *continência* do crime residual no crime original de terrorismo em que houve arrependimento eficaz ou desistência voluntária antecipados. O mesmo se pode dizer dos casos de arrependimento eficaz ou desistência voluntária ordinários nos termos apenas do artigo 15, CP, sem necessidade de uso do artigo 10 da Lei Antiterror. Nenhuma inconstitucionalidade ou nulidade haverá, pois, além da previsão legal de clareza solar ensejada pelo artigo 16 da Lei 13.260/16 c/c artigo 22 da Lei 12.850/13, não existe qualquer prejuízo ao réu, já que o procedimento adotado é mais amplo do que aqueles que são afastados (sumário ou sumaríssimo).

Art. 17 Aplicam-se as disposições da Lei n. 8.072, de 25 de julho de 1990, aos crimes previstos nesta Lei.

Como não poderia deixar de ser, em estrito cumprimento ao disposto no artigo 5º, XLIII, CF, que equipara o Terrorismo aos Crimes Hediondos, determina o artigo 17 da Lei 13.260/16 a aplicação das disposições da Lei 8.072/90 (Lei dos Crimes Hediondos) aos crimes de terrorismo.

Ademais, o artigo 17 da Lei Antiterror está em consonância sistemática com o disposto no artigo 2º, da Lei 8.072/90 que, também em obediência ao mandamento constitucional supramencionado, determina a aplicação do regramento da Lei dos Crimes Hediondos ao tráfico, à tortura e ao *terrorismo*.

Portanto, o terrorismo, como não poderia ser de outro modo, terá o mesmo tratamento mais rigoroso sob os ângulos penal, processual penal e de execução penal dos demais Crimes Hediondos e equiparados. Na verdade, o que faltava era a previsão expressa dos crimes de terrorismo em lei especial a receberem, conforme norma constitucional e ordinária, o mesmo tratamento dos crimes hediondos. Essa lacuna é agora suprida pela Lei 13.260/16.

Art. 18 O inciso III do art. 1º da Lei n. 7.960, de 21 de dezembro de 1989, passa a vigorar acrescido da seguinte alínea "p".

"Art. 1º...

III –..

p)crimes previstos na Lei de Terrorismo". (NR)

A Lei 7.960/89 é aquela que versa sobre a "Prisão Temporária". Não havia em seu rol taxativo de crimes para os quais cabe a referida cautelar a previsão dos crimes de terrorismo. Isso certamente devido à lacuna legislativa nessa área então vigente em 1989, quando a Lei 7.960/89 entra em cena.

O advento da Lei 13.260/16 não poderia deixar de ensejar a inclusão dos crimes de terrorismo dentre aqueles para os quais tem cabimento o instrumento investigatório da Prisão Temporária. É isso o que faz a alteração promovida pelo artigo 18 ora em estudo.

Há que atentar que a Prisão Temporária prevista para a apuração de crimes de terrorismo será, então, aquela nos moldes do artigo 2º, § 4º, da Lei 8.072/90, ou seja, não com um prazo máximo de cinco dias renováveis uma só vez por mais cinco dias (artigo 2º, da Lei 7.960/89), mas com o prazo máximo de trinta dias renováveis uma única vez por mais trinta dias. Há que atentar para o fato de que o terrorismo é crime equiparado a hediondo, bem como para a interpretação sistemática dos artigos 17 e 18 da Lei 13.260/16.

Artigo 19 O art. 1º da Lei 12.850, de 2 de agosto de 2013, passa a vigorar com a seguinte alteração:

"Art. 1º. ....

§2º. ....

II – às organizações terroristas, entendidas como aquelas voltadas para a prática dos atos de terrorismo legalmente definidos". (NR)

A redação do inciso II acima transcrito é dada atualmente pela Lei 13.260/16, que regulou o crime de terrorismo, inclusive determinando a aplicação dos dispositivos previstos na Lei 12.850/13 aos caos nela versados, independentemente da característica de organização ou atividade grupal ou individual e mesmo de caráter nacional, transnacional ou internacional, conforme seu artigo 16. A redação anterior da Lei de Crime Organizado se atrelava apenas ao terrorismo internacional, o que era muito restritivo e deixaria o terrorismo interno sem previsão. Isso não poderia se perpetuar diante da edição de uma Lei Antiterror nacional, no caso, a Lei 13.260/16. Tenha-se em mente que os artigos 3º, 16 e 19 da Lei 13.260/16 formam um todo harmônico com o atual inciso II do artigo 1º da Lei 12.850/13. Pode-se afirmar que não somente o fenômeno do terrorismo e do crime organizado têm uma relação transversal e dialógica sob os aspectos social, econômico, político e criminológico, mas que também, no Brasil, as leis que regulam as duas atividades criminais se irmanam ou entrelaçam de maneira transversal e muito oportuna.**Art. 20. Esta Lei entra em vigor na data de sua publicação.**

A Lei 13.260/16 foi publicada no dia 16.03.2016, entrando imediatamente em vigor, sem previsão de "vacatio legis". Obviamente se trata de um diploma legal que não admite retroatividade, pois que é uma "novatio legis" incriminadora (inteligência do artigo 1º, CP c/c artigo 5º, XL, CF).

CONCLUSÃO

O presente trabalho teve por objeto o estudo do fenômeno do terrorismo e, em especial, sua face jurídico–penal em solo brasileiro com o advento da Lei 13.260, de 16 de março de 2015.

No entanto, o estudo de uma questão complexa e multifacetada como o terrorismo não comporta uma abordagem simplista e simplificada reduzida a um único campo do saber.

Assim sendo, a exposição iniciou-se pela análise da violência contemporânea e sua conexão com o terror. As ações terroristas ao longo da história até a atualidade, bem como sua gradual globalização e fusão com o crime organizado foram objeto de extensa consideração, ofertando ao leitor uma visão multidisciplinar do tema. Após essa base que mescla história, economia, sociologia, religião, tecnologia, política e outros assuntos correlatos, passou-se às leituras do terrorismo sob os prismas político–criminal, criminológico e do Direito Criminal.

No seguimento, passou-se à demonstração da evolução do tratamento jurídico do terrorismo no Brasil a partir do advento da Constituição Federal de 1988 com seu mandado de criminalização. Também foram abordados os aspectos internacionais do tema sob o prisma jurídico, estudando os principais tratados internacionais.

Questão desde sempre tormentosa é a conceituação do terrorismo e do terrorismo internacional, a qual foi devidamente enfrentada no Capítulo IV do presente trabalho, sendo possível entrever as dificuldades enfrentadas pelo legislador para a elaboração da Lei 13.260/16 no que tange à definição dos crimes de terrorismo.

Finalmente, foram os dispositivos da Lei 13.260/16 comentados pormenorizadamente, não somente em sua posição isolada, mas em uma interpretação sistemática e conglobante com o ordenamento jurídico nacional e internacional.

A legislação brasileira ora em vigor peca especialmente pela especialização dos elementos subjetivos que a tornam praticamente inaplicável à realidade brasileira. Por outro lado é louvável o cuidado legislativo em equilibrar a aplicabilidade da repressão penal, excluindo manifestações abrangidas pelo direito do protesto, livre expressão, liberdade de pensamento, associação, política etc.

Como afirmando inicialmente, o fenômeno do terrorismo é multifacetado e complexo, não compreendendo uma análise e, muito menos, um enfrentamento simples e, muito menos, simplista ou reducionista. Por isso, a verdade é que os Direitos Penal e Processual Penal não serão instrumentos hábeis jamais a afastar esse mal do solo brasileiro se e quando este vier a aqui assentar.

É valiosa a manifestação de Martins sobre a questão, tendo por paradigma os conflitos do oriente:

> "Convenço-me, de mais em mais, que ódio gera ódio. Contra o terrorismo não profissional, mas por convicção, a arma não é adotar reação idêntica. O diálogo é a única forma. Lembro-me de um conto russo que li, quando menino, de sete cavaleiros invencíveis, que um dia se reuniram para comemorar sua invencibilidade. Surgiu, todavia, um cavaleiro andante para desafiá-los. De um só golpe um dos sete invencíveis dividiu-o, mas, para sua surpresa, do cavaleiro cortado ao meio surgiram dois, que, também divididos de um só golpe, transformaram-se em quatro. Todos os cavaleiros invencíveis decidiram, então, combater os quatro, que foram se multiplicando a cada divisão até que, após sete dias de lutas, os sete cavaleiros invencíveis foram derrotados pela multiplicação de cavaleiros andantes nascidos de cada derrota individual.
>
> Temo que a luta armada contra o terrorismo derivado do fanatismo possa levar a uma multiplicação idêntica. Receio que Israel não esteja percebendo que, estando cercado de islâmicos por todos os lados, a única solução possível seja o diálogo à exaustão para aprenderem a conviver. Estou convencido de que, até o fim do século, a questão será solucionada, mas, até lá, enquanto para cada ação houver idêntica reação, teremos muita instabilidade, dor e sofrimento".[117]

---

117 MARTINS, Ives Gandra da Silva. *Op. Cit.*, p. 213 – 214.

CONCLUSÃO

É óbvio que o fato de que a repressão criminal não seja o único e, muito menos, o mais eficaz caminho de abordagem e resolução para o terrorismo, também não é excludente de seu emprego, sob pena de deixar uma brecha de insuficiência protetiva, inclusive em ofensa à Constituição Federal (inteligência do artigo 5º,XLIII, CF). Isso não impede, porém, que o horizonte de informação e consciência seja alargado, de modo a obter a clara percepção de que uma postura meramente belicista e punitivista não será jamais a via para a tão almejada paz social, seja com relação ao terrorismo, seja com referência a qualquer espécie de conflito a ser tratado.

REFERÊNCIAS

ABADE, Denise Neves. A Consagração do Sistema Acusatório Com o Afastamento do Juiz do Inquérito Policial. *Boletim IBCcrim*. n. 55, jun., p. 12 – 13, 1997.

AGAMBEN, Giorgio. E*stado de Exceção*. Trad. Iraci D. Poleti. São Paulo: Boitempo, 2004.

AMARAL, Diogo Freitas do. *Do 11 de Setembro à Crise do Iraque*. 5ª. ed. Lisboa: Bertrand , 2003.

AMORIM, Carlos. *Assalto ao poder – o crime organizado*. Rio de Janeiro: Record, 2012.

ANDERSON, Benedict R. *Comunidades imaginadas: reflexões sobre a origem e a difusão do nacionalismo*. Trad. de Denise Bottman. São Paulo: Companhia das Letras, 2008.

ARENDT, Hannah. *A vida do espírito: o pensar, o querer e o julgar.* Trad. de Antonil Abranches, César Augusto R. de Almeida e Helena Martins. 2. ed. Rio de Janeiro: Relume-Darumã, 1993.

ATWAN, Abdel Bari. *A história secreta da Al-Qaeda*. Trad. de Emanuel Mendes Rodrigues. São Paulo: Larousse do Brasil, 2008.

BARBOSA, Ruchester Marreiros. A inconstitucionalidade do art. 11 da Lei Antiterrorismo. Disponível em www.canalcienciascriminais.com.br, acesso em 16.10.2016.

BARROS, Flávio Augusto Monteiro de. D*ireito Penal.* Volume 1. 8ª. ed. São Paulo: Saraiva, 2010.

BECHARA, Fábio Ramazzini. *Legislação Penal Especial*. São Paulo: Saraiva, 2005.

BERGOGLIO, Jorge M. *Corrupção e pecado. Algumas reflexões a respeito da corrupção.* 4. ed. São Paulo: Ave Maria, 2013.

BÍBLIA. Português. *Bíblia de Jerusalém*. Trad. de Theodoro Henrique Maurer Jr. São Paulo: Paulinas, 2006.

BITENCOURT, Cezar Roberto. *Tratado de Direito Penal*. Volume 1. 22ª. ed. São Paulo: Saraiva, 2016.

BOBBIO, Norberto. *A Era dos Direitos*. Trad. Carlos Nelson Coutinho. 9ª. ed. Rio de Janeiro: Campus, 1992.

BONFIM, Edilson Mougenot. *Curso de Processo Penal*. 7ª. ed. São Paulo: Saraiva, 2012.

BONFIM, Marcia Monassi Mougenot, BONFIM, Edilson Mougenot. *Lavagem de Dinheiro*. 2ª. ed. São Paulo: Malheiros, 2008.

BUSATO, Paulo César. *Direito penal: parte geral*. São Paulo: Atlas, 2013.

BUSATO, Paulo César; HUAPAYA, Sandro Montes. *Introdução ao Direito Penal: fundamentos para um sistema penal democrático*. 2 ed. Rio de Janeiro: Lumen Juris, 2007.

CABETTE, Eduardo Luiz Santos, NAHUR, Marcius Tadeu Maciel. *Criminalidade Organizada & Globalização Desorganizada*. Rio de Janeiro: Freitas Bastos, 2014.

CABETTE, Eduardo Luiz Santos. *Lei 12.403 Comentada*. Rio de Janeiro: Freitas Bastos, 2013.

CAPEZ, Fernando. *Curso de Direito Penal*. Volume 1. 19ª. ed. São Paulo: Saraiva, 2015.

_____. *Curso de Direito Penal*. Volume 4. 10ª. ed. São Paulo: Saraiva, 2015.

CARNELUTTI, Francesco. *As Misérias do Processo Penal*. Campinas, Conan, 1995.

CARVALHO, Olavo de. *O mínimo que você precisa saber para não ser um idiota*. 3. ed. Rio de Janeiro: Record, 2013.

CASARA, Rubens R. R. *Mitologia Processual Penal*. São Paulo: Saraiva, 2015.

CASTELLS, Manuel. *A sociedade em rede*. Trad. de Roneide Venâncio Majer e Jussara Simões. São Paulo: Paz e Terra, 1999.

_____. *Fim de Milênio*. Volume III. Trad. de Klauss Brandini-Gerhardt e Roneide Venâncio Majer. São Paulo: Paz e Terra, 1999.

CASTRO, Henrique Hoffman Monteiro de, COSTA, Adriano Sousa. Lei antiterrorismo inova com a tentativa antecipada do crime. Disponível em www.conjur.com.br, acesso em 08.10.2016.

CASTRO, Lola Anyar de. *Criminologia da Reação Social*. Trad. Ester Kosovski. Rio de Janeiro: Forense, 1983.

CHALIAND, Gérard; BLIN, Arnaud. *The History of Terrorism: from antiquity to Al- Qaeda*. Trad. Edward Scheneider, Kathryn Pulver e Jesse Browner. California: University of California Press, 2007.

CHOMSKY, Noam. *Poder e terrorismo*. Trad. de Vera Ribeiro. Rio de Janeiro: Record, 2005.

CHOUKE, Fauzi Hassan. *Garantias Constitucionais na Investigação Criminal*. São Paulo, RT, 1995.

_____. *Processo Penal de Emergência*. Rio de Janeiro: Lumen Juris, 2002.

COCKBURN, Patrick. *A origem do Estado Islâmico: o fracasso da guerra ao terror e a ascensão jihadista*. Trad. de Antônio Martins. São Paulo: Autonomia Literária, 2015.

COGAN, Arthur. *Crimes contra a administração pública*. São Paulo: Juarez de Oliveira, 2003.

DELMANTO, Roberto, DELMANTO JÚNIOR, Roberto, DELMANTO, Fábio M. de Almeida. *Leis Penais Especiais Comentadas*. Rio de Janeiro: Renovar, 2006.

DELMAS – MARTY, Meirelle. The paradigm of war on crime. Legitimating inhuman treatment? *Criminal Justice*. n. 5, jul., 2007.

DEMANT, Peter. *O mundo muçulmano*. 3. ed. São Paulo: Contexto, 2013.

DIAS, Jorge de Figueiredo. *Direito Penal*. Tomo I. São Paulo: RT, 2007.

DOTTI, René Ariel. *Curso de Direito Penal*. Rio de Janeiro: Forense, 2001.

ENCARNAÇÃO, João Bosco da. *Que é isso, o Direito?* Taubaté, Cabral, 1996.

ESSADO, Thiago Cintra. *Terrorismo conforme o Direito Americano*. São Paulo: Fórum, 2014.

ESTEFAM, André. *Direito Penal*. Volume 1. São Paulo: Saraiva, 2010.

FERGUSON Niall. *Colosso*. Trad. de Marcelo Musa Cavallari. São Paulo: Editora Planeta do Brasil, 2011.

FERRAJOLI, Luigi. *Derecho y Razón*. Trad. de Perfecto Andrés Ibañez, Alfonso Ruiz Miguel, Juan Carlos Bayón Mochino, Juan Terradillos Basoco e Rocío Cantarero Bandrés. Madrid: Trotta, 1997.

_____. *Direito e Razão*. Trad. Ana Paula Zomer "et al." São Paulo: RT, 2002.

FERREIRA, Vladimir de Campos Pacheco Pires. Terrorismo e Justiça Internacional. Disponível em www.cedin.com.br , acesso em 29.06.2016.

FERRO, Ana Luíza Almeida. *Crime Organizado e Organizações Criminosas Mundiais*. Curitiba: Juruá, 2009.

FINCHER, David. Clube da Luta ("Fight Club"). *Fox Pictures e Regency Enterprises*.2010.

FRANCO, Alberto Silva. *Crimes Hediondos*. 3ª. ed. São Paulo: RT, 1994.

GARCIA-PABLO DE MOLINA, Antonio. *Derecho Penal. Introducción*. Madrid: Servicio de Publicaciones de la Facultad de Derecho de la Universidad Complutense de Madrid, 2000.

GAROFALO, Rafael. *Criminologia: Estudo sobre o delito e a repressão penal*. Trad. Julio de Matos. 4ª. ed. Lisboa: Livraria Clássica, 1925.

GOLDSCHMIDT, James. *Princípios Gerais do Processo Penal*. Belo Horizonte: Líder, 2002.

GOMES, Luiz Flávio (Coord.). *Nova Lei de Drogas Comentada*. São Paulo: RT, 2006.

GOMES, Luiz Flávio, CERVINI, Raúl. *Interceptação telefônica*. São Paulo, RT, 1997.

GOMES, Luiz Flávio. Lei de Lavagem de Capitais: Aspectos Processuais. *Boletim IBCcrim*. n. 65 Edição Especial. Abr., p. 11 – 12, 1998.

GONÇALVES, Carlos Roberto. *Direito Civil Brasileiro*. Volume 1. 11ª. ed. São Paulo: Saraiva, 2013.

GONÇALVES, Victor Eduardo Rios. *Crimes Hediondos, Tóxicos, Terrorismo, Tortura*. São Paulo: Saraiva, 2001.

GRECO, Rogério. *Código Penal Comentado*. 10ª. ed. Niterói: Impetus, 2016.

_____. *Código Penal Comentado*. 7ª. ed. Niterói: Impetus, 2013.

_____. *Leis Penais Especiais Comentadas Crimes Hediondos e Tortura*. Volume 1. Niterói: Impetus, 2016.

GRINOVER, Ada Pellegrini, FERNANDES, Antonio Scarance, GOMES FILHO, Antonio Magalhães. As *Nulidades no Processo Penal*. São Paulo, Malheiros, 2007.

HARDIN, G. (org.). Science, Conflit and Society (readings from Scientific American). San Francisco: W. H. Freeman and Company, 1969.

HARDING, Luke. *Os arquivos Snowden: a história secreta do homem mais procurado do mundo.* Trad. de Alice Klesck e Bruno Correia. Rio de Janeiro: Leya, 2014.

HASSEMER, Winfried. *Perspectivas de uma moderna política criminal: três temas de direito penal.* Porto Alegre: AMP, 1993.

HASSEMER, Winfried; MUÑOZ CONDE, Franscisco. *Introducción a la Criminología y al Derecho Penal.* Valência: Tirantlo Blanch, 1989.

HOBSBAWN, Eric J. *Era dos Extremos: o breve século XX: 1914-1991.* Trad. de Marcos Santarrita. São Paulo: Companhia das Letras, 1995.

_____. *Globalização, Democracia e Terrorismo*. Trad. de José Viegas. São Paulo: Companhia das Letras, 2007.

HOFFMAN, Bruce. *Inside terrorism.* New York: Columbia Press University, 2006.

HOURANI, Albert Habib. *Uma história dos povos árabes*. Trad. de Marcos Santarrita. São Paulo: Companhia das Letras, 1994.

HUERTAS, Sandoval. *Sistema Penal y Criminologia Crítica*. Bogotá: Temis, 1994.

BATISTA, Nilo. *Introdução Crítica ao Direito Penal*. Rio de Janeiro: Revan, 1990.

HUNGRIA, Nelson, FRAGOSO, Heleno. *Comentários ao Código Penal*. Volume I. Tomo I. 5ª. ed. Rio de Janeiro: Forense, 1977.

_____. *Comentários ao Código Penal*. Volume I. Tomo II. 5ª. ed. Rio de Janeiro: Forense, 1978.

HUNGRIA, Nelson. *Comentários ao Código Penal*. Volume VII. 3ª. ed. Rio de Janeiro: Forense, 1967.

HUNTINGTON, Samuel P. *O Choque de Civilizações e a recomposição da ordem mundial*. Trad. de M. H. C. Côrtes. Rio de Janeiro: Objetiva, 1996.

JAKOBS, Günther. *Derecho Penal – parte general. Fundamentos y teoria de laimputación*. Trad. de Joaquin Cuello Contreras e José Luis Serrano Gonzáles de Murillo. 2. ed. Madrid: Marcial Pons, 1997.

JESCHECK, Hans-Heinrich; WEIGAND, Thomas. *Tratado de Derecho Penal. Parte General*. Trad. de Miguel Olmedo Cardenete. 5. ed. Granada: Comares, 2002.

JÚNIOR SOBRINHO, José Gomes. Terrorismo e leniência legislativa. Disponível em www.jus.com.br, acesso em 29.06.2016.

KANT, Immanuel. *Crítica da Faculdade ao Juízo*. Trad. de Valério Rohden e Antônio Marques. 2. ed. Rio de Janeiro: Forense Universitária, 2008.

LAQUEUR, Walter. *The New Terrorism: fanaticism and the arms of mass destruction*. Oxford: Oxford University Press, 1999.

LASMAR, Jorge Mascarenhas. A legislação brasileira de combate e prevenção ao terrorismo quatorze anos após 11 de setembro: limites, falhas e reflexões para o futuro. *Revista de Sociologia e Política*. n. 53, mar., p. 58 – 59, 2015.

LAW, Randall D. *Terrorism: a history*. Cambridge: Polity Press, 2009.

LEAL, João José. *Crimes Hediondos*. 2ª. ed. Curitiba: Juruá, 2004.

LISZT, Franz Von. Tratado de direito penal alemão. Tomo I. Trad. José Hygino Duarte Pereira. Rio de Janeiro: F. Briguiet, 1889.

MAGALHÃES, Naiane Freire de. Elementos de investigação do terrorismo no âmbito do Direito Comparado: garantias X eficácia. *Boletim IBCcrim*. n. 287, out., p. 15 – 17, 2016.

MAGNOLI, Demétrio. *Terror Global.* São Paulo: Publifolha, 2008.

MALATESTA, Nicola Framarino Dei. *A Lógica das Provas em Matéria Criminal.* Campinas, Bookseller, 1996.

MARCÃO, Renato. *Curso de Processo Penal.* São Paulo: Saraiva, 2014.

_____. *Estatuto do Desarmamento.* São Paulo: Saraiva, 2008.

_____. *Tóxicos.* 4ª. ed. São Paulo: Saraiva, 2007.

MARTINELLI, João Paulo Orsini, BEM, Leonardo Shmitt de. Os atos preparatórios na nova Lei "Antiterrorismo". *Boletim IBCCrim.* n. 284, jul., p. 11 – 12, 2016.

MARTINS, Ives Gandra da Silva. *Uma Breve Teoria do Poder.* 2ª. ed. São Paulo: RT, 2011.

MCLUHAN, Marshall. *A galáxia de Gutenberg: a formação do homem tipográfico.* Trad. de Leônidas Gontijo de Carvalho e Anísio Teixeira. São Paulo: Editora Nacional, Editora USP, 1972.

MINGARDI, Guaracy. *O Estado e o Crime Organizado.* São Paulo: Universidade de São Paulo, 1996.

MIRABETE, Julio Fabbrini, FABBRINI, Renato N. *Manual de Direito Penal.* Volume I. 30ª. ed. São Paulo: Atlas, 2014.

MIRANDA, Pontes de. *Nacionalidade de Origem e Naturalização no Direito Brasileiro.* 2ª. ed. Rio de Janeiro: A. Coelho Branco Filho, 1936.

MONTEIRO, Antonio Lopes. *Crimes Hediondos.* 8ª. ed. São Paulo: Saraiva, 2008.

MORAES, Alexandre de, SMANIO, Gianpaolo Poggio. *Legislação Penal Especial.* 10ª. ed. São Paulo: Atlas, 2007.

MUCCIO, Hidejalma. *Curso de Processo Penal.* 2ª. ed. Rio de Janeiro: Forense, 2011.

NAPOLEONI, Loretta. *A Fênix Islamista: o Estado Islâmico e a reconfiguração do Oriente Médio.* Trad. de Milton Chaves de Almeida. Rio de Janeiro: Bertrand Brasil, 2015.

NORONHA, Edgard Magalhães. *Direito Penal.* Volume 1. 27ª. ed. São Paulo: Saraiva, 1990.

_____. *Direito Penal*. Volume 4. 17ª. ed. São Paulo: Saraiva,1986.

NUCCCI, Guilherme de Souza. *Leis Penas e Processuais Penais Comentadas*. São Paulo: RT, 2006.

OLIVEIRA E COSTA, Paulo Sérgio de, OLIVEIRA, Willian Sampaio de. *Direito Penal – Crimes contra a Administração Pública*. 2ª. ed. São Paulo: Atlas, 2007.

OLIVEIRA, Lucas Pimentel de, GIMENES, Eron Veríssimo. A Escuta Telefônica à Luz da Lei 9296/96. Disponível em www.doutrinapenal.com.br , acesso em 19.10.2016.

PANCONI, Felipe Rocha. O medo como forma de controle social. *Boletim IBCCrim*. n. 278, jan., p. 18 – 19, 2016.

PARIZATTO, João Roberto. *Comentários à Lei 9296, de 24.07.96*. Leme, LED, 1996.

PASCHOAL, Janaina Conceição. *Constituição, Criminalização e Direito Penal Mínimo*. São Paulo: RT, 2003.

PENTEADO FILHO, Nestor Sampaio. *Manual esquemático de criminologia*. 2. ed. São Paulo: Saraiva. 2017.

PINKER, Steven. *Os anjos bons da natureza humana: por que a violência diminuiu*. Trad. de Bernardo Joffily e Laura Teixeira Motta. São Paulo: Companhia das Letras, 2013.

PIOVESAN, Flávia (coord.). *Código de Direito Internacional dos Direitos Humanos Anotado*. São Paulo: DPJ, 2008.

PITOMBO, Antônio Sérgio Altieri de Moraes. *Organização Criminosa: nova perspectiva do tipo legal*. São Paulo: RT, 2009.

POTTER, Van Rensselaer. *Bioética ponte para o futuro*. São Paulo: Loyola, 2016.

PRADO, Luiz Regis, CARVALHO, Érika M. Delito Político e terrorismo. Disponível em www.professorregisprado.com, acesso em 29.06.2016.

QUINTANA, Mário. *Baú de Espantos*. 9ª. ed. São Paulo: Globo, 2001.

RADBRUCH, Gustav. *Introdução à Ciência do Direito*. Trad. Vera Barkow. São Paulo: Martins Fontes, 1999.

RANGEL, Paulo. Breves Considerações Sobre a Lei 9.296/96 - Interceptação Telefônica. Disponível em www.forense.com.br, acesso em 19.10.2016.

RODRIGUES, Anabela Miranda. Política Criminal – Novos velhos rumos. In: *Liber Discipulorum Jorge de Figueiredo Dias*. Coimbra: Coimbra Editora, 2003.

ROUSSEAU, Jean- Jacques. *Carta sobre a virtude. Anais da sociedade Jean-Jacques Rousseau.*XLI.1997.

SALLA, Fernando. Considerações sociológicas sobre o crime organizado no Brasil. *Revista Brasileira de Ciências Criminais*. São Paulo, v. 16, n. 71, p. 364-390, 2008.

SANDEL, Michael J. *Justiça: o que é fazer a coisa certa.* Trad. de Heloísa Matias e Maria Alice Máximo. Rio de Janeiro: Civilização Brasileira, 2011.

_____. *O que o dinheiro não compra: os limites morais do mercado.* Trad. de Clóvis Marques. Rio de Janeiro: Civilização Brasileira, 2012, p. 19.

SANTOS, Juarez Cirino dos. Crime Organizado. *Revista Brasileira de Ciências Criminais*. São Paulo, v. 11, n. 42, p. 214-224, 2003.

SCAHILL, Jeremy. *Guerras sujas: o mundo é um campo de batalha.* Trad. de Donaldson Garschagen. São Paulo: Companhia das Letras, 2014.

SENDRA, Gimeno Vicente, DOMINGUES, Valentin Cortes. *Derecho-Procesal – Proceso Penal.* Valencia: Tirantlo Balnch, 1993.

SILVA FRANCO, Alberto. *Globalização e Criminalidade dos Poderosos.* São Paulo: RT, 2000.

STRECK, Lênio Luiz. *As Interceptações Telefônicas e o Direito Fundamentais.* Porte Alegre, Livraria do Advogado, 1997.

SUTHERLAND, Edwin H. *White Collar Crimes.* New York: Dryden Press, 1949.

SZNICK, Valdir. *Comentários à Lei dos Crimes Hediondos.* 3ª. ed. São Paulo: Leud, 1993.

THOMSON, Oliver. *A assustadora história da maldade*. Trad. de Mauro Silva. São Paulo: Ediouro, 2002.

TODOROV, Tzvetan. *O medo dos bárbaros: para além do choque das civilizações*. Trad. de Guilherme João de Freitas Teixeira. Petrópolis: Vozes, 2010.

_____. *Os Inimigos Íntimos da Democracia*. Trad. Joana Angélia D'Ávila Melo. São Paulo: Companhia das Letras, 2012.

TUCCI, Rogério Lauria. *Direitos e Garantias Individuais no Processo Penal Brasileiro*. São Paulo, Saraiva, 1993.

TWAIN, Mark. *Um ianque na corte do rei Artur*. Adap. de Rodrigo Espinosa Cabral. São Paulo: Rideel, 2006.

VALENTE, Manuel Monteiro Guedes. *Direito Penal do Inimigo e o Terrorismo*. Coimbra: Almedina, 2010.

VAZ, Henrique Cláudio de Lima. *Escritos de Filosofia II. Ética e Cultura*. São Paulo: Loyola,1988.

VERGAL, Sandro. *Criminologia tridimensional: do direito à segurança pública eficiente*. Curitiba: Juruá, 2015.

WEISS, Michael; HASSAN, Hassan. *Estado Islâmico: desvendando o exército do terror*. Trad. de Jorge Ritter. São Paulo: Seoman, 2015.

WELZEL, Hans. *Derecho penal alemán. Parte general*. Trad. de Juan Bustos Ramires e Sergio Yáñez Perez. 11. ed. Santiago: Editorial Jurídica de Chile, 1997.

ZIEGLER, Jean. *Os senhores do crime: as novas máfias contra a democracia*. Trad. de Clóvis Marques. Rio de Janeiro: Record, 2003.

ZIZEK, Slavoj. *Violência: seis reflexões laterais*. Trad. de Miguel Serras Pereira. São Paulo: Boitempo Editorial, 2014.

Impressão e acabamento

*psi*7 | book7